Smascherare il marxismo

Ludwig von Mises

	Istituto Liberale
Prefazione	Riccardo Dal Ferro
Traduzione	Edson Netto Freitas Amaral Alessio Cotroneo
Grafica	Davide Filippini Robin Chiodi Valentino Russo
Titolo originale	*Marxism Unmasked*
Pubblicato da	Foundation for Economic Education
	© *2006 FEE* © *2020 Istituto Liberale - APS*
Sito	www.istitutoliberale.it
E-mail	info@istitutoliberale.it

Ringraziamenti per i nostri Mecenate

La traduzione e la pubblicazione di quest'opera sono state possibili unicamente grazie al gentile e fondamentale contributo di:

Menzione d'onore:

Frank Merenda
Alvise Costantini
Davide Caruso
Giovanni Affinita
Studio Ferulli
Tajane Blasi

Menzione:

Aldo Colosimo
Michele Abrigo
Andrea Rota
Lucio Rasulo
Francesco Degli Esposti
Alessandro Puzielli
Claudio Marinangeli
Fabio Andreini
Daigo Tricomi
Salvatore Mautone
Cesare Allegranza
Nicolai Suhaci
Alberto Giacomin

Ciascuna delle donazioni è stata preziosa per noi. I nostri più sinceri ringraziamenti a tutti voi!

Indice

PREFAZIONE

DAL 1952 AL 2020:
LA STORIA NON BASTA

Smascherare il Marxismo nel 1952 era un compito arduo: la storia sembrava virare dalla parte di Stalin e dell'ideologia comunista, la Russia gettava la sua ombra sul mondo Occidentale, il Sud America iniziava la sua ondata di *socialistizzazione* e pochi, a quel tempo, avevano potuto provare sulla propria pelle le nefandezze di certe convinzioni.

Nel 1952, per smascherare il Marxismo serviva una raffinata mente come quella di Ludwig von Mises che, andando in controtendenza rispetto ad una classe intellettuale occidentale sempre più vicina a simpatie comuniste, poteva mostrare le contraddizioni strutturali tanto delle analisi economiche di Karl Marx quanto delle sue proposte politiche. Nel 1952 servivano argomentazioni approfondite, previsioni socio-economiche, analisi e letture complesse, appannaggio di quei pochi che potevano individuare in quel mondo aspetti, particolari e collegamenti che ai più sfuggivano. Ed era un lavoro complicato.

Per smascherare il Marxismo nel 2020 dovrebbe bastare la storia. Infatti, dal 1952 ad oggi, le esperienze e gli esempi concreti di nazioni, popoli e persone che hanno, volenti o nolenti, sperimentato sulla propria pelle gli effetti di tale ideologia si sprecano, dando ampiamente ragione a Ludwig von Mises. E dal momento che senza pregevoli eccezioni i risultati di tali esperienze sono stati invariabilmente disastrosi, in un mondo normale basterebbe la storia a smascherare e archiviare quel cumulo di discorsi, analisi, proposte e saperi che ricade sotto il nome di "Marxismo".

Ma il nostro, si sa, non è un mondo normale.

Nonostante tutto infatti, ancora oggi il marxista che venga messo di fronte alle molteplici testimonianze che dimostrano il fallimento e il disastro delle sue convinzioni risponderà invariabilmente: «Ma non era vero Marxismo!» (e l'unica risposta possibile sarebbe: «Per fortuna, pensa se lo fosse stato fino in fondo!»).

Non era vero Marxismo quello della collettivizzazione forzata messo in atto a Cuba, in Russia o in Cina, né era vero Marxismo quello dell'esproprio delle terre dei contadini, dei mezzi di produzione degli artigiani, del furto di libertà perpetrato ai danni degli intellettuali dissidenti. Non era vero Marxismo quello che distrusse il mercato, che sancì il livellamento verso il basso non solo dei salari e dei guadagni, ma anche delle competenze e dei talenti. Non era vero Marxismo quello che rispose alla protesta e alla critica con la distruzione psicologica e fisica, con l'incarcerazione di massa, con i gulag e i campi di lavoro forzato. Non era vero Marxismo quello russo e non lo era quello cinese, lo era solo a certe condizioni quello cubano e lo è stato solo fino a un certo punto quello venezuelano.

Insomma, è Marxismo solo ciò che è bello e buono poiché il Marxismo non può assolutamente essere cattivo, violento e terribile. Anche se la storia mostra che lo è sempre stato.

Ebbene sì, per quanto sconfortante possa sembrare, nel 2020 smascherare il Marxismo è ancora più difficile che nel 1952. Come combattendo l'idra, per ogni testa mozzata ne spuntano altre tre. Per ogni maschera divelta, ne emergono altre cinque. Ed è per questo che il libro di von Mises è attuale e necessario, oggi più che mai.

DALLA FILOSOFIA ALL'ECONOMIA, E RITORNO: UN RITRATTO DI VON MISES

Solo da von Mises poteva emergere un libro come *"Smascherare il Marxismo"*: in primo luogo perché il pragmatismo dell'economista è più che mai affiancato da una comprensione concettuale che dà struttura a tutto l'edificio teorico; in secondo luogo, perché la critica che l'autore opera nei confronti del Marxismo è eminentemente filosofica, prima che economica.

L'economia contemporanea è spesso costretta ad emanciparsi dai princìpi filosofici per seguire un'analisi empirica e pragmatica della realtà: sono rari, infatti, gli economisti che alle proprie teorie facciano precedere un sano impianto teorico e concettuale. Anzi, spesso questo atteggiamento viene deriso dal *mainstream*, che si fa beffe dei princìpi e afferma la necessità di guardare esclusivamente ai risultati, alla prassi, ponendosi un'unica domanda: «Come funziona?»

Questo, sia ben chiaro, è un aspetto estremamente proficuo della disciplina economica la quale, dovendo tendere sempre a una richiesta di scientificità, non può indugiare in diatribe filosofiche che renderebbero difficile dirimere le questioni in modo chiaro e netto. L'economista, come il fisico o il biologo, deve il più possibile estraniarsi da un ragionamento di tipo concettuale per concentrare le proprie energie sui fatti, sulla statistica e sull'analisi empirica. Senza questa necessaria emancipazione, il discorso economico finirebbe sempre per essere inghiottito da ideologie, *bias* di ogni genere e interessi contrari alla chiarezza del ragionamento empirico.

Il limite di questo atteggiamento è però evidente: il pragmatismo necessario del discorso economico risulta insufficiente quando si affaccia a fenomeni pienamente ideologici che si basano su impianti concettuali ben determinati eppure mascherati da parole, linguaggi e ragionamenti che potrebbero convincere anche il più attento degli analisti. Il Marxismo è esattamente questo: un'ideologia che, pur contraddicendo le regole basilari dell'economia e della relazione tra le persone, i gruppi e i popoli, sembra proporre un discorso condivisibile, pacifico e quasi esente da critiche. Ed è questo il motivo per il quale, pur nella lunga collezione di violenze, ingiustizie e terrore che il Marxismo ha inanellato nell'ultimo secolo, molti sono ancora convinti che esso sia una strada da seguire con convinzione: perché, in fin dei conti, tutto quello che contraddice la sensazione che Marx e i suoi interpreti fossero delle buone anime non era, ovviamente, vero Marxismo.

Ecco il motivo per cui questa ideologia va smascherata: non interpretata, tradotta o aggiustata, va proprio smascherata.

Per comprenderne pienamente la distruttiva portata infatti, si deve andare oltre ciò che essa mostra di primo acchito: uno sguardo che umanizza l'economia, che restituisce agli uomini la dignità perduta, che fa dell'uguaglianza il suo faro concettuale e della libertà il sostrato filosofico. Questo è ciò che un'analisi superficiale può individuare nelle dottrine di Karl Marx, a questo punto talmente simile ad un redentore da spingerci a scusargli la vecchiezza di alcune analisi di stampo malthusiano e la spiccata orma hegeliana, il cui fantasma prima viene criticato e poi fatto rientrare dalla finestra, persino tacciando di "fraintendimento" la messa in pratica disastrosa delle sue idee. In fin dei conti, la liberazione del genere umano dall'oppressione capitalista varrà pure qualche genocidio, no?

Ludwig von Mises è costretto a risalire la corrente del Marxismo, individuando gli impianti concettuali più profondi e celati dietro una patina di umanità, moralità e umanesimo. E nessun altro economista del suo tempo (ma anche del nostro) avrebbe potuto lanciarsi in tale impresa, proprio perché disabituato all'analisi filosofica, all'argomentazione dei presupposti aprioristici che stanno alla base, ma nascostamente, di quelle analisi più chiare e manifeste che convincono così tanti della bontà di Karl Marx.

Questo rende von Mises il gigante che è nel panorama della storia economica: la capacità di dare forma compiuta ad una teoria economica che si basa su un impianto concettuale ben determinato.

Con buona pace degli empiristi ardimentosi, Ludwig von Mises è l'incarnazione di un principio chiaro e lampante: quando l'economista vuol entrare veramente nel mondo, discernendo le teorie valide da quelle fasulle, individuando il limite oltre il quale l'analisi diventa ideologia, deve saper parlare il linguaggio dei concetti e della filosofia. Altrimenti, le trappole del Marxismo o di qualsiasi altro sistema interpretativo della realtà avranno la meglio su di lui.

L'economista senza la filosofia diventa un bersaglio facile per gli aguzzini del pensiero.

Von Mises, al contrario, è una preda ben difficile da catturare.

LE IMPOSTURE DI MARX

Le *Lectures* presenti in questo libro individuano in modo analitico e preciso i modi con cui il Marxismo tenta di nascondere i propri presupposti filosofici e antropologici: dietro la critica alla società borghese, alla proposta di una società egualitaria, all'utopia della libertà incondizionata che il Comunismo dovrebbe rappresentare, dietro a tutto ciò che in fin dei conti qualsiasi uomo ragionevole potrebbe guardare con favore esistono infatti basi concettuali che difficilmente, se smascherate, potrebbero suscitare le simpatie di chiunque sappia usare la ragione.

Il motivo principale per cui il Marxismo è ancora visto come un ideale nobile e perseguibile, e che ogni suo fallimento trova risposta in un poco convinto «la società non è pronta», è legato proprio al fatto che esso cela meglio di qualsiasi altra ideologia i propri presupposti filosofici e antropologici, permettendo a pochi di scorgere la struttura argomentativa sulla quale Marx ha edificato il suo impianto economico e sociale.

Nei primi due capitoli in particolare, *"La Mente, il Materialismo e il Destino dell'Uomo"* e *"Lotta di Classe e Socialismo Rivoluzionario"*, von Mises parla delle basi su cui il Marxismo viene a poggiare.

Prima su tutte, l'idea secondo cui l'uomo è la semplice conseguenza delle relazioni materiali e tecnologiche che lo circondano. Da questo punto di vista, non solo l'individuo si trova a venir declassato, da entità indipendente e libera di agire a mero effetto di condizioni a lui esteriori, ma addirittura la concezione cartesiana secondo la quale l'animale, a differenza dell'uomo, è una macchina che elabora passivamente gli input del mondo, viene applicata proprio all'essere umano, esautorato ormai di ogni caratteristica che lo differenzia da un meccanismo.

Senza questa triste visione antropologica, che considera l'uomo né più e né meno come una pietra rotolante, non potrebbe ergersi l'edificio concettuale del Materialismo Storico, ovvero l'idea secondo la quale, attraverso i processi meccanici della storia, si dispiega il destino di liberazione che Marx affida alla rivoluzione comunista.

Senza questa narrazione dell'uomo, ormai ridotto ad

un servomeccanismo della storia, non potrebbe reggere l'idea secondo cui le vicende sociali, economiche e storiche, altro non sono che il risultato della lotta di classe e dell'azione della collettività.

Infatti, se l'essere umano fosse ancora quell'entità pensante descritta da Platone e Aristotele, da Spinoza e Leibniz, ovvero il portatore di una mente che, pur condizionata da fattori ad essa esterni, ha sempre la capacità di emanciparsi dalla trappola della realtà che rischia di inghiottirla in ogni momento, allora il Marxismo non potrebbe mai sopravvivere. Se l'uomo fosse davvero libero, se la sua capacità di autodeterminazione non dipendesse in modo assoluto dal gruppo di appartenenza e dai conflitti che la sua classe intrattiene con altre, se la sua possibilità di uscire dal circolo delle determinazioni meccaniche gli permettesse di sottrarsi a questo giogo, almeno di tanto in tanto, allora il Marxismo sarebbe soltanto una fantasia.

Qui, più che in qualsiasi altro luogo di questa ideologia, si annida il seme hegeliano che, gettato fuori dalla porta con l'utile inversione di teoria e prassi, ritorna di soppiatto dalla finestra, derubricando la vita umana a infimo effetto di processi impersonali e imperscrutabili.

La vera impostura della filosofia di Karl Marx sta nel fatto che questi presupposti rimangono ben nascosti dietro ideali che sembrano addirittura contraddirli: come può una filosofia che parla di liberazione parlare dell'uomo come di un meccanismo privo di libertà? Come può l'ideologia che viene considerata motore dell'emancipazione e dell'indipendenza considerare l'individuo come il semplice effetto di forze che valicano la sua capacità di azione? Com'è possibile che l'uguaglianza predicata dal Marxismo possa mascherare una così bassa e miserevole considerazione dell'essere umano?

Il Marxismo usa la maschera più esecrabile: non quella dell'attore che attraverso la finzione realizza pienamente il proprio talento, ma quella dell'impostore che, celandosi dietro una bella facciata, cova le peggiori intenzioni. L'impostore che tenta di avvicinare il malcapitato interprete mostrando il suo lato migliore (ma inventato), solo per inoculare ideali anti-umani e distruttivi.

Un altro presupposto terribile e al tempo stesso incredibile da individuare all'interno di questa ideologia è quello secondo cui non esiste alcunché di non negoziabile poiché tutto è sempre e incondizionatamente il frutto dei rapporti di forza tra classi e gruppi. E questo, se vogliamo, è il presupposto concettuale più dannoso che il Marxismo reca con sé.

Ad uno sguardo poco attento ciò potrebbe sembrare paradossale, e alcuni lettori potrebbero strabuzzare gli occhi di fronte a questa accusa: «Ma come, il Marxismo che ha costruito i diritti dei lavoratori, che ha creato i sindacati e ha aiutato l'emancipazione di tante categorie afflitte?»

Nelle *Lectures* di von Mises questo presupposto è delineato in modo cristallino e dimostra che, al netto delle narrazioni benpensanti che vogliono vedere Marx come un benefattore dell'umanità intera, l'idea che i principi, i diritti e le responsabilità siano sempre e comunque negoziabili sulla base delle condizioni materiali che di volta in volta vengono a costituirsi è molto presente nell'ideologia marxiana, che da questo punto di vista è stata la maggiore ispiratrice del costruttivismo postmodernista novecentesco, ancora oggi convinto che nessun principio sia assoluto e che ogni diritto, anche il più basilare, sia frutto di una negoziazione in costante svolgimento.

In questa sede non vogliamo farci portavoce di un giusnaturalismo che attualmente risulta difficilmente digeribile ai più, ma quel che possiamo affermare è questo: se il Marxismo fosse stato mosso da una seria proposta filosofica e politica, accanto al relativismo intorno ai princìpi e ai diritti dell'uomo si sarebbe costruita una solida teoria dello Stato. Come qualsiasi filosofo che si sia pronunciato contro l'esistenza di diritti assoluti e inalienabili, anche Marx avrebbe dovuto delineare una teoria dello Stato che permettesse di incasellare la visione filosofica e antropologica all'interno di una prassi politica ben precisa.

Senza una teoria dello Stato che possa fare da contraltare alla negazione di quei princìpi, l'unica conclusione possibile è che, in fin dei conti, vale tutto.

Se prendiamo due esempi come quelli di Hobbes e del già citato Hegel infatti, di fronte all'idea (hobbesiana) che diritti e princìpi siano solo il frutto di una negoziazione basata sull'utile, e di fronte a quella (hegeliana) che quegli stessi princìpi e diritti siano non assoluti bensì manifestazioni transitorie della storia e del *Geist*, i due filosofi rispondono con una solida e chiara trattazione di come il sistema di regole, leggi e costituzioni che formano lo Stato dovrebbero funzionare: laddove i princìpi sono deboli, la legge deve diventare chiara. Essi sono perfettamente consapevoli, infatti, che al relativismo dei princìpi si deve rispondere con una chiara visione di come quel relativismo vada a inquadrarsi nell'ambito della relazione umana e nella politica, altrimenti il mondo finirebbe nelle mani dell'arbitrio e dell'irragionevolezza. E le teorie dello Stato di Hobbes ed Hegel sono quanto di più distante esista da ciò che il Marxismo sembra proporre: il Leviatano del filosofo inglese e lo Stato Etico prussiano del maestro di Marx sanciscono il primato del potente sul debole, della gerarchia sulla partecipazione, e in essi non v'è spazio per le maschere abbellite con cui il Marxismo ha convinto intere generazioni di intellettuali.

Tutto ciò che Marx si sente di scrivere a riguardo della legge e dello Stato si trova nel *Manifesto del Partito Comunista*, ma in forma di speranza utopica di liberazione dallo Stato stesso, e nei *"Grundrisse"*, ovvero i *"Lineamenti fondamentali di critica dell'economia politica"*, dove però si limita ad affrontare i modi con cui la politica funziona in relazione all'economia, invece di delineare una vera e propria filosofia politica.

Secondo alcuni, ciò dipende dal fatto che Marx fosse un economista e non un filosofo del diritto, ma sarebbe una magra scusa di fronte a tutto l'impianto filosofico che sorregge le sue teorie. Per altri, Marx non ha semplicemente fatto in tempo, e qui ci sentiamo di non prendere nemmeno in considerazione la risposta.

Perché è sempre stato
vero Marxismo

L'assenza di una teoria dello Stato non è un semplice incidente di percorso, come alcuni vorrebbero credere, ma è l'evidenza secondo cui i presupposti antropologici e filosofici che von Mises così bene individua nel Marxismo, uniti al relativismo dei diritti e dei princìpi (sempre negoziabili e mai assoluti), non possono che portare ad una risposta: totalitarismo.

Altrettanto significativo è accorgersi che l'unico abbozzo di teoria dello Stato, presente nel Manifesto, viene a delinearsi con il concetto di "dittatura del proletariato", ovvero la rivoluzione violenta e l'esproprio forzato dei mezzi di produzione, tutti eventi che non contraddicono ma anzi seguono necessariamente le basi filosofiche su cui Marx poggia il suo edificio intellettuale. Tutti eventi che, una volta realizzati nella storia, si trasformano in dispotismi non illuminati, distruzione della vita umana ed oppressione dei popoli liberi.

Insomma, il motivo per cui Hobbes ed Hegel, con presupposti per certi versi simili a quelli marxisti, hanno delineato una teoria dello Stato forte, quasi totalitario, mentre Marx no, è che i primi due non volevano mostrarsi come le anime belle che raccontano utopie suadenti. Non v'è nulla di utopistico o desiderabile nel Leviatano o nello Stato Etico, i quali sono agli occhi dei vincitori un male necessario, agli occhi degli sconfitti un terrore senza nome. Ma Hobbes ed Hegel furono onesti: se i diritti e i princìpi sono relativi al tempo, al contesto e alla storia, e l'uomo non è la creatura libera che tutti vorremmo che fosse, allora non c'è altra via che uno Stato forte, una legge indiscutibile, un sovrano che domina tanto politicamente quanto eticamente.

Marx riconobbe questi presupposti ma volle costruire un'utopia desiderabile: pur essendo i diritti e i princìpi sempre negoziabili e nonostante l'uomo sia una pietra rotolante, possiamo creare una società libera fondata sull'equità e l'uguaglianza, ovvero la società comunista.

Questa torsione intellettuale avrà pure persuaso intere generazioni di uomini, donne, politici e filosofi, ma non ha retto il confronto della storia: ogniqualvolta sia andato al potere qualcuno convinto di quelle basi concettuali, fosse egli Lenin, Fidel o Mao, il totalitarismo sanguinario fu la conseguenza inevitabile, senza eccezioni.

Il libro di von Mises dimostra ancora una volta, ma in questo caso prendendo in considerazione tanto la filosofia quanto l'analisi economica e politica, che si è sempre trattato di Marxismo. E riesce a dimostrarlo in un tempo che precede i grandi eccidi del comunismo: prima della Cambogia e prima dei gulag, prima del Grande Balzo e prima di Berlino Est.

Questo non fa che dimostrare una cosa fondamentale: solo chi considera l'uomo una creatura libera, pur con tutte le sue limitazioni, e sa che ci sono limiti invalicabili oltre cui nessun potere, in nessuna circostanza e sotto l'egida di alcuna emergenza può spingersi, sa scorgere nel mondo la vera ingiustizia della tirannide prima che essa si manifesti e riconoscere il profilo di un'ideologia mortifera prima che questa compia i suoi eccidi.

Forse questo non è solo un libro per chi vuole avere un'ulteriore conferma del fatto che sì, è sempre stato vero Marxismo e che il comunismo non è un'utopia come molti hanno creduto. Forse questo è un manuale di istruzioni per renderci più consapevoli e pronti a scorgere in anticipo il prossimo spettro che, stendendosi sul mondo con i suoi lunghi tentacoli, tenta di prendersi le vite di molte, troppe persone.

Magari, la prossima volta riusciremo a fermarla prima che sia troppo tardi.

Riccardo Dal Ferro

.

La mente, il materialismo e il destino dell'uomo

Le prime cinque lezioni di questa serie saranno sulla Filosofia, non sull'Economia. La filosofia è importante perché tutti – anche se ne sono inconsapevoli – hanno una propria e personale filosofia, precisa e definita. Questo insieme di idee filosofiche personali guida le nostre azioni.

La filosofia più diffusa di oggi è quella di Karl Marx (1818-1883). Egli è la personalità più potente della nostra epoca. Karl Marx e le sue idee – idee che non ha inventato, sviluppato o migliorato, ma che ha semplicemente combinato in un sistema – sono oggi ampiamente accettati, anche da molti che dichiarano enfaticamente di essere anticomunisti e anti-marxisti. Molte persone, inconsapevolmente e in misura considerevole, seguono filosoficamente il marxismo, anche se spesso usano parole diverse per nominarne le sue idee filosofiche.

Oggigiorno i marxisti parlano di Marxismo-leninismo-stalinismo. Svariati volumi vengono scritti oggi in Russia sui contributi di Vladimir Ilyich Lenin (1870-1924) e Josef Stalin (1879-1953). Ciononostante, il sistema rimane pressoché uguale a com'era ai tempi di Karl Marx; il marxismo è in effetti pietrificato. Lenin ha contribuito solo con offese e critiche molto forti ai suoi avversari; Stalin invece non ha contribuito a nulla. Dunque, è discutibile chiamare "nuovi" uno di questi contributi, soprattutto quando ci rendiamo conto che il più importante contributo di Marx a questa filosofia è stato pubblicato nel 1859.[1]

Ci è voluto molto tempo perché le idee conquistassero il mondo. Quando Karl Marx morì nel 1883, il suo nome era ampiamente sconosciuto. Alcuni giornali riportavano in un paio di righe che Karl Marx, l'autore di vari libri, era morto. Eugen von Böhm-Bawerk (1851-1914) pubblicò una critica alle idee economiche di Marx nel 1896[2], ma solo 20 anni dopo le persone iniziarono a considerare Marx un filosofo.

Le idee di Marx e la sua filosofia dominano veramente la nostra epoca. L'interpretazione degli eventi attuali e l'interpretazione della storia nei libri popolari, così come negli scritti filosofici, romanzi, opere teatrali e così via, sono ampiamente marxisti. Al centro c'è la filosofia marxiana della Storia. Da questa filosofia è stato preso in prestito il termine "dialettico", che viene applicato a tutte le sue idee. Ma questo non è così rilevante quanto realizzare ciò che significa l'espressione "materialismo marxista".

Il materialismo ha due significati diversi. Il primo si riferisce esclusivamente a problemi etici. L'uomo materiale che si preoccupa solo delle cose materiali – del cibo,

---

[1] A Contribution to the Critique of Political Economy (Moscow: Progress Publishers, 1859).

[2] "The Unresolved Contradiction in the Economic Marxian System" in Shorter Classics of Eugen von Böhm-Bawerk (South Holland, III.: Libertarian Press, 1962 [1896: Eng. Trans. 1898]), pp. 201-302.

delle bevande, di essere al riparo - non dell'arte, della cultura e così via. In questo senso, la maggior parte degli uomini sono materialisti. Il secondo significato di materialismo si riferisce ad un gruppo speciale di soluzioni proposte a un semplice problema filosofico – il rapporto tra la mente o l'anima umana da un lato, e il corpo umano e le funzioni fisiologiche del corpo dall'altro. Sono state offerte varie risposte a questo problema, come, ad esempio, le risposte religiose.

Sappiamo molto bene che c'è una connessione tra corpo e mente; la scienza chirurgica ha dimostrato che certi danni recati al cervello portano a certi cambiamenti nelle funzioni della mente umana. Tuttavia, i materialisti di questa seconda tipologia spiegano tutte le manifestazioni della mente umana come se fossero prodotti del corpo.

Tra questi materialisti filosofici, ci sono due scuole di pensiero:

A. Una scuola considera l'uomo come se fosse una macchina. Questo gruppo di materialisti-macchina dice che questi problemi sono in verità molto semplici: la "macchina" umana funziona esattamente come un'altra qualsiasi. Un francese, Julien de La Mettrie (1709-1751), scrisse un libro contenente questa idea, *"L'Homme Machine"*; e ancora oggi molte persone vogliono spiegare tutte le operazioni della mente umana, direttamente o indirettamente, come se fossero operazioni meccaniche. Per esempio, si veda l'*Encyclopedia of the Social Sciences*. Uno dei collaboratori, un insegnante della *New School for Social Research*, dice che il neonato è come un'auto Ford, pronto per partire. Può darsi! Ma una macchina, una neonata Ford, non corre o funziona da sola. Una macchina non ottiene nulla, non fa nulla da sola - sono sempre gli uomini o un certo numero di uomini che ottengono qualcosa attraverso l'utilizzo della macchina. Qualcuno deve far funzionare la macchina. Se il controllo da parte dell'uomo cessa, cesserà ugualmente il funzionamento della macchina stessa. Dobbiamo chiedere a questo professore della *New School for Social Research*, «Chi fa funzionare la macchina?» La risposta distruggerebbe la dottrina del materialismo-macchina.

A volte si parla anche di "alimentare" la macchina, come se essa fosse viva. Ma, ovviamente, non è viva. Allora si dice spesso anche che la macchina soffre di un "esaurimento nervoso". Ma come può un oggetto senza nervi soffrire di un esaurimento nervoso? Questa dottrina della macchina è stata ripetuta più e più volte, ma non è molto realistica. Non dobbiamo affrontarla perché nessun uomo serio ci crede veramente.

B. La dottrina fisiologica proposta dalla seconda classe dei materialisti è più importante. Questa dottrina fu formulata in modo primitivo da Ludwig Feuerbach (1804-1872) e Karl Vogt (1817-1895) nei primi tempi di Karl Marx. Il principio era che i pensieri e le idee sono "semplicemente" secrezioni del cervello. (Nessun filosofo materialista manca mai di usare la parola "semplicemente". Ciò significa: «Lo so, ma non riesco a spiegarlo»). Oggi gli scienziati sanno che certe condizioni patologiche causano certe secrezioni, e che determinate secrezioni causano determinate attività nel cervello. Ma queste secrezioni sono chimicamente uguali per tutte le persone nella stessa situazione e condizione. Tuttavia, le idee e i pensieri non sono gli stessi per tutte le persone nella stessa situazione e condizione; sono diversi.

Innanzitutto, le idee e i pensieri non sono tangibili. E in secondo luogo, gli stessi fattori esterni non producono la stessa reazione in tutti i soggetti. Si dice che una volta una mela sia caduta da un albero e abbia colpito un certo giovane [Isaac Newton]. Ciò può essere successo a molti altri giovani prima, ma questo particolare avvenimento ha colpito questo preciso giovane ed egli ne ha sviluppato alcune idee.

Le persone non sempre hanno gli stessi pensieri quando vengono loro presentati i medesimi fatti. Per esempio, a scuola alcuni imparano, altri no. Ci sono differenze tra gli individui.

Bertrand Russell (1872-1970) si domandò: «Qual è la differenza tra uomini e pietre?». Egli disse che non ce n'era alcuna, se non che gli uomini reagiscono a più stimoli delle pietre. Ma in realtà c'è una differenza. Le pietre reagiscono secondo uno schema preciso che possiamo conoscere; possiamo anticipare ciò che accadrà a una pietra se viene trattata in un certo modo. Ma gli uomini non reagiscono tutti allo stesso modo quando sono trattati in un certo modo; non possiamo stabilire tali categorie di azioni per gli uomini. Dunque, anche se molti pensano che il materialismo fisiologico sia una soluzione, in realtà esso porta in un vicolo cieco. Se fosse davvero la soluzione a quel problema filosofico, significherebbe che in ogni singolo caso sarebbe possibile prevedere il modo in cui tutti reagirebbero.

Non possiamo nemmeno immaginare quali sarebbero le conseguenze se tutti sapessero in anticipo cosa farebbero gli altri.

Karl Marx non era un materialista nel primo senso, non faceva parte del gruppo del materialismo-macchina. Ma l'idea fisiologica era molto popolare ai suoi tempi. Non è facile sapere esattamente cosa influenzò Marx perché aveva odi e invidie personali. Karl Marx odiava Vogt, l'esponente del materialismo fisiologico. Appena i materialisti come Vogt cominciarono a parlare di politica, Karl Marx disse che avevano cattive idee; ciò significa che a Marx non piacevano.

Marx ha sviluppato quello che pensava fosse un nuovo sistema. Secondo la sua interpretazione materialista della storia, le "forze produttive materiali" (si tratta di una traduzione esatta del tedesco) sono le basi di tutto. Ogni fase delle forze produttive materiali corrisponde ad una fase definita dei rapporti di produzione. Le forze produttive materiali determinano i rapporti di produzione, ovvero il tipo di proprietà che esiste nel mondo. E i rapporti di produzione determinano la sovrastruttura. Nella terminologia di Marx, capitalismo o feudalesimo sono rapporti di produzione. Ognuno di questi è stato necessariamente prodotto da una particolare fase delle forze produttive materiali. Nel 1859, Karl Marx disse che una nuova fase delle forze produttive materiali avrebbe prodotto il socialismo.

Ma cosa sono queste forze produttive materiali? Così come Marx non disse mai che cosa fosse una "classe", ugualmente non disse mai cosa fossero esattamente le "forze produttive materiali". Guardando i suoi scritti troviamo che le forze produttive materiali sono gli utensili e le macchine. In uno dei suoi libri (*Misère de la philosophie* – Miseria della filosofia), scritto in francese nel 1847, Marx disse che «il mulino a mano produce il feudalesimo – il mulino a vapore produce il capitalismo»[3]. Non lo disse in questo libro, ma in altri scritti affermò che sarebbero arrivate altre macchine che avrebbero condotto al socialismo.

Marx cercò di evitare l'interpretazione geografica del progresso, perché questo era già stato screditato. Quello che disse è che gli "strumenti" sono la base del progresso. Marx e Friedrich Engels (1820-1895) credevano che sarebbero state sviluppate nuove macchine che avrebbero portato al socialismo. Si rallegravano di ogni nuova macchina, pensando che ciò significasse che il socialismo fosse proprio dietro l'angolo. Nel libro francese del 1847, egli criticò coloro che attribuivano importanza alla divisione del lavoro; disse che l'importante erano gli strumenti.

Non dobbiamo dimenticare che gli strumenti non ca-

---

[3] "Le moulin à bras vous donnera la société avec les souzerain; le moulin à vapeur, la société avec les capitaliste industriel." Karl Marx, Misère de la philosophie (Paris and Brussels, 1847), p. 100.

dono dal cielo, che non sono altro che i prodotti delle idee. Per spiegare le idee, Marx disse che gli strumenti, le macchine – le forze produttive materiali - si riflettono nei cervelli degli uomini e si trasformano in idee. Ma gli utensili e le macchine sono essi stessi il prodotto di idee. Inoltre, prima che ci possano essere delle macchine, ci deve essere una divisione del lavoro. E prima ancora che ci possa essere una divisione del lavoro, delle idee precise devono essere sviluppate. L'origine delle idee non può essere spiegata da qualcosa che è possibile solo in una società che è essa stessa il prodotto delle idee.

Il termine "materiale" affascinava le persone. Per spiegare i cambiamenti nelle idee, i cambiamenti nei pensieri, i cambiamenti in tutte quelle cose che sono il prodotto delle idee, Marx li ridusse a cambiamenti nelle idee tecnologiche. In questo senso non fu affatto originale. Per esempio, Hermann Ludwig Ferdinand von Helmholtz (1821-1894) e Leopold von Ranke (1795-1886) interpretarono la Storia come Storia della tecnologia.

È compito della Storia spiegare perché determinate invenzioni non furono messe in pratica da persone che avevano tutte le conoscenze fisiche necessarie per la loro costruzione; perché, ad esempio, gli antichi greci, che avevano le conoscenze tecniche, non svilupparono le ferrovie?

Non appena una dottrina diventa popolare, viene semplificata in modo da essere compresa dalle masse. Marx diceva che tutto dipende dalle condizioni economiche. Nel suo libro francese del 1847 [Miseria della filosofia] voleva dire, appunto, che la storia delle fabbriche e degli strumenti si sviluppava in modo indipendente. Secondo Marx, tutto il movimento della Storia umana appare come un corollario allo sviluppo delle forze produttive materiali, degli strumenti. Con lo sviluppo degli strumenti, la costruzione della società cambia e di conseguenza cambia anche tutto il resto. Con tutto il resto, egli intendeva la sovrastruttura. Gli autori marxiani, scrivendo dopo Marx, hanno spiegato tutto ciò che concerne la sovrastruttura come se fosse dovuto a precisi cambiamenti nei rapporti di produzione. E spiegavano tutto ciò che concerne i rapporti di produzione come se fosse dovuto a precisi cambiamenti negli strumenti e nelle macchine. Questa era una volgarizzazione, una semplificazione, della dottrina marxiana di cui Marx ed Engels non erano completamente responsabili. Crearono indubbiamente un sacco di sciocchezze, ma non sono responsabili di tutte le sciocchezze attuali.

Qual è l'influenza che ha ricevuto questa dottrina marxiana sulle idee? Il filosofo René Descartes (1596-1650), vissuto all'inizio del XVII secolo, credeva che l'uomo avesse una mente e che l'uomo pensasse, ma che gli animali fossero semplici macchine. Marx disse che Descartes visse in un'epoca in cui il "*Manufakturperioden*", gli utensili e le macchine, erano tali che fu costretto a spiegare la sua teoria dicendo che gli animali erano macchine. Albrecht von Hailer (1708-1777), uno svizzero al quale non piaceva la dottrina liberale dell'uguaglianza di tutti davanti alla legge, disse la medesima cosa nel XVIII secolo. Tra questi due uomini visse de La Mettrie, che spiegava anche l'uomo come se fosse una macchina, e quindi il concetto di Marx, secondo il quale le idee sono il prodotto degli utensili e delle macchine di una determinata epoca, è facilmente smentito.

John Locke (1632-1704), il noto filosofo dell'empirismo, dichiarò che tutto ciò che esiste nella mente degli uomini proviene dall'esperienza sensoriale. Marx disse che John Locke era un portavoce della dottrina di classe della borghesia. Questo porta a due diverse deduzioni dagli scritti di Karl Marx: (1) L'interpretazione che egli diede a Descartes derivava dal fatto che il filosofo francese vivesse nell'epoca in cui le macchine furono introdotte e perciò l'animale fu spiegato come se fosse una macchina; e (2) l'interpretazione che egli diede all'ispirazione di John Locke derivava dal fatto che il filosofo inglese fosse un rappresentante degli interessi della classe borghese. Ecco, queste sono due spiegazioni incompatibili per l'origine delle idee. La prima delle due spiegazioni, secondo la quale le idee si basano su forze produttive materiali, gli utensili e le macchine, è inconciliabile con la seconda, cioè che gli interessi di classe determinano le idee.

Secondo Marx, ognuno è costretto - dalle forze produttive materiali - a pensare in modo tale che il risultato mostri i suoi interessi di classe. Tu pensi nel modo in cui i tuoi "interessi" ti costringono a pensare; pensi secondo i tuoi "interessi" di classe. I tuoi "interessi" sono qualcosa di indipendente dalla tua mente e dalle tue idee. I tuoi "interessi" esistono nel mondo indipendentemente dalle tue idee. Di conseguenza, la produzione personale di idee non è "verità". Prima della comparsa di Karl Marx, la nozione di verità non aveva avuto alcun significato per tutto il periodo storico. Tutto ciò che il pensiero umano produsse in passato era sempre "ideologia", non verità, secondo Marx.

"*Les idéologues*" in Francia furono ben pubblicizzati da Napoleone (1769-1821), il quale disse che tutto sarebbe andato bene in Francia se non fosse stato per questi "*idéologues*". Nel 1812, Napoleone fu sconfitto. Lasciò l'esercito in Russia, tornò in Francia da solo, incognito, e apparve alla fine del dicembre 1812 a Parigi. Egli incolpò i cattivi "idéologues" e la loro influenza in Francia per i mali accaduti al suo Paese.

Marx ha usato il termine ideologia in un senso diverso. Secondo Marx, l'ideologia era una dottrina pensata dai membri di una classe. Queste dottrine erano necessariamente *non* verità, ma semplicemente le espressioni degli interessi di classe. Naturalmente, un giorno ci sarà una società senza classi. Una classe – la classe proletaria – prepara la strada alla futura società senza classi. La verità di oggi è l'idea dei proletari. I proletari aboliranno tutte le classi e poi arriverà l'Età dell'oro, la società senza classi.

Marx chiamava Joseph Dietzgen (1828-1888) un proletario, ma Marx lo avrebbe definito un piccolo borghese se solo avesse saputo un po' più su di lui. Ufficialmente Marx approvava tutte le idee di Dietzgen, ma nella sua corrispondenza privata con Ferdinand Lassalle (1825-1864) espresse un certo disaccordo. Non esiste una logica universale. Ogni classe ha una sua propria logica. Ma, ovviamente, la logica del proletariato è l'unica vera logica del futuro. Queste persone si sono offese quando i razzisti hanno preso in mano le stesse idee, sostenendo che le varie razze hanno logiche diverse, ma che solo la logica della razza ariana è l'unica vera logica.

La sociologia della conoscenza di Karl Mannheim (1893-1947) è nata dalle idee di Hitler. Tutti pensano attraverso ideologie (*i.e.*, false dottrine, nell'interpretazione marxiana). Ma c'è una classe di uomini che gode di un privilegio speciale – Marx li chiamava "intellettuali senza legami". Questi "intellettuali senza legami" hanno il privilegio di scoprire verità che non sono ideologie.

L'influenza dell'idea dei cosiddetti "interessi" è enorme. Innanzitutto, dobbiamo ricordare che questa dottrina non dice che gli uomini agiscono e pensano secondo ciò che considerano i loro interessi. In secondo luogo, che tali "interessi" sono indipendenti dai pensieri e dalle idee degli uomini. Questi interessi indipendenti costringono gli uomini a pensare e ad agire in una maniera definita.

Come esempio dell'influenza che questa idea esercita ancora oggi sul nostro pensiero, potrei menzionare un senatore degli Stati Uniti – non un Democratico – che ha detto che le persone votano secondo i loro "interessi"; non ha detto secondo ciò che pensano essere i loro interessi. Questa è l'idea di Marx: presumere che gli "interessi" siano qualcosa di definito e di separato dalle idee di una persona. Questa nozione di dottrina di classe fu sviluppata per la prima volta da Karl Marx ne *Il Manifesto del Partito Comunista*.

Né Engels né Marx facevano parte della classe proletaria. Engels era molto ricco. Andava a caccia di volpi con il mantello rosso – il classico passatempo dei ricchi. Aveva una ragazza che considerava troppo inferiore a lui per pensare di sposarla. Ella morì e le succedette la sorella. Finalmente sposò la sorella, ma proprio mentre questa stava morendo... solo due giorni prima della sua morte.

Karl Marx non guadagnò mai abbastanza. Ricevette dei soldi come collaboratore regolare del *New York Tribune*, ma era quasi completamente sostenuto dal suo amico Engels. Marx non era un proletario, bensì il figlio di un avvocato benestante. Sua moglie, la signora Marx [Jenny von Westphalen, 1814-1881], era la figlia di un alto *Junker* prussiano (l'aristocrazia terriera della Prussia), e il cognato di Marx era il capo della polizia prussiana.

Dunque, questi due uomini, Marx ed Engels, che sostenevano che la mente proletaria era diversa da quella della borghesia, si trovavano in una posizione a dir poco scomoda. Così hanno incluso un passaggio nel *Manifesto comunista* per spiegare: «Quando verrà il momento, alcuni membri della borghesia si uniranno alle classi in ascesa.» Tuttavia, se è possibile per alcuni uomini liberarsi dalla legge degli interessi di classe, allora tale legge non è più una legge generale.

L'idea di Marx era che le forze produttive materiali conducono gli uomini da una fase all'altra, fino a raggiungere il socialismo, che è la fine e l'apice di tutto. Egli ha detto che il socialismo non può essere pianificato in anticipo; se ne occuperà la Storia. Nella visione marxiana, chi pretende di affermare come funzionerà il socialismo è un mero "utopista".

Il socialismo era già stato intellettualmente sconfitto

durante il periodo in cui Marx scriveva. Egli rispondeva ai suoi critici dicendo che coloro che erano all'opposizione non erano altro che dei "borghesi". Diceva che non c'era bisogno di sconfiggere gli argomenti dei suoi avversari, ma che bastava smascherare il loro *background* borghese. E siccome la loro dottrina era solo ideologia borghese, non era necessario confutarla effettivamente. Questo significherebbe che per forza nessun borghese potrebbe scrivere qualcosa a favore del socialismo. Perciò, tutti questi scrittori erano ansiosi di dimostrare di essere proletari. Potrebbe anche essere opportuno menzionare in questo momento che l'antenato del socialismo francese, Saint-Simon[4], era discendente di una celebre famiglia di duchi e conti.

È semplicemente falso che le invenzioni si sviluppano perché le persone cercano scopi pratici e non per le verità.

Quando Marx pubblicò i suoi scritti, il pensiero tedesco era dominato da George Wilhelm Friedrich Hegel (1770-1831), professore all'Università di Berlino. Hegel aveva sviluppato la dottrina dell'evoluzione filosofica della Storia. Sotto certi aspetti le sue idee erano diverse (forse addirittura l'esatto opposto) da quelle di Marx. Hegel fu l'uomo che distrusse il pensiero e la filosofia tedesche per più di un secolo, almeno. Fu avvertito da Immanuel Kant (1724-1804) che disse che la filosofia della storia può essere scritta solo da un uomo che ha il coraggio di fingere di vedere il mondo con gli "occhi di

---

4 Claude Henri de Rouvroy, Comte de Saint-Simon [1760–1825]

Dio". Hegel credeva di avere gli "occhi di Dio", di conoscere la fine della Storia, di conoscere i piani di Dio. Diceva che il *Geist* (lo Spirito) si sviluppa e si manifesta nel corso dell'evoluzione storica. Pertanto, il corso della Storia è inevitabilmente un progresso da condizioni meno soddisfacenti a condizioni più soddisfacenti.

Nel 1825, Hegel disse che raggiungemmo un meraviglioso stato di cose. Egli considerava il regno prussiano di Federico Guglielmo III (1770-1840) e la l'Unione delle Chiese prussiane come la perfezione del governo secolare e spirituale. Marx diceva, come Hegel, che c'era stata Storia nel passato, ma che non ci sarà più Storia quando avremo raggiunto uno stato considerato soddisfacente. Dunque, Marx ha adottato il sistema hegeliano, anche se ha usato le forze produttive materiali al posto del *Geist*. Le forze produttive materiali attraversano svariate fasi. La fase attuale è molto cattiva, ma c'è una cosa a suo favore: è la fase preliminare necessaria alla comparsa del perfetto stato chiamato socialismo. E il socialismo è proprio dietro l'angolo.

Hegel veniva definito il filosofo dell'assolutismo prussiano. Morì nel 1831. La sua scuola pensava secondo i termini dicotomici destra e sinistra. Alla sinistra non piacevano il governo prussiano e l'Unione delle Chiese prussiane. Questa distinzione tra destra e sinistra esiste da allora. Nel Parlamento francese, coloro ai quali non piaceva il governo del re si sedevano sul lato sinistro dell'Assemblea. Oggigiorno nessuno vuole sedersi sul lato destro.

In origine, ovvero, prima di Karl Marx, il termine "destra" rappresentava i sostenitori del governo rappresentativo e delle libertà civili, in contrapposizione alla "sinistra", che favoriva l'assolutismo reale e l'assenza di diritti civili. La nascita delle idee socialiste cambiò il significato di questi termini. Alcuni della "sinistra" furono assai espliciti nell'esprimere le loro opinioni.

Per esempio, Platone (427-347 a.C.) fu piuttosto chiaro nell'affermare che un filosofo dovrebbe governare. E Auguste Comte (1798-1857) disse che la libertà fu necessaria in passato perché gli aveva permesso di pubblicare i suoi libri, ma ora che questi libri erano già stati pubblicati non c'era più bisogno di libertà. E allo stesso modo Etienne Cabet (1788-1856) parlò di tre classi di libri: i libri cattivi, che dovrebbero essere bruciati, i libri intermedi, che dovrebbero essere modificati, e i rimanenti libri "buoni".

Pertanto, c'era grande confusione sulle effettive libertà civili da concedere ai cittadini dello Stato socialista. Questo perché le idee marxiane non si sviluppavano nei Paesi che avevano libertà civili, bensì nei Paesi il cui popolo non le aveva.

Nikolai Bukharin (1888-1938), un autore comunista che visse in un Paese comunista, scrisse un opuscolo nel 1917[5], in cui diceva: chiedemmo la libertà di stampa, di pensiero e le libertà civili in passato perché eravamo all'opposizione e avevamo bisogno di queste libertà per conquistare. Ora che abbiamo conquistato, non c'è più

---

[5] "The Russian Revolution and Its Significance," The Class Struggle, Vol. I, No. 1, May–June, 1917.

bisogno di simili libertà. [Bukharin fu processato e condannato a morte nella Grande Purga del marzo 1938]. Se il signor Bukharin fosse stato un comunista americano, probabilmente sarebbe ancora vivo e libero di scrivere più *pamphlets* sul perché la libertà non è necessaria.

Queste peculiarità della filosofia marxiana possono essere spiegate solo dal fatto che Marx, pur vivendo in Gran Bretagna, non aveva a che fare con le condizioni della Gran Bretagna, dove sentiva che le libertà civili non erano più necessarie, bensì si preoccupava delle condizioni in Germania, Francia, Italia e così via, dove le libertà civili erano ancora necessarie. Per tutto ciò, vediamo che la distinzione tra destra e sinistra, che aveva avuto un significato ai tempi della Rivoluzione Francese, non ne conserva più alcuno.

Lotta di classe e socialismo rivoluzionario

Marx dava per certo che gli "interessi" fossero indipendenti dalle idee e pensieri umani. Diceva che il socialismo era il sistema ideale per il proletariato. Diceva che gli interessi di classe determinavano il pensiero degli individui e che questa situazione provocava conflitti inconciliabili tra le varie classi. Marx è poi ritornato al punto di partenza, ovvero che il socialismo sarebbe lo stato ideale.

I concetti fondamentali de *Il Manifesto del Partito Comunista* (1848) erano quelli di "classe" e di "lotta di classe", ma Marx non definì mai cosa sarebbe una "classe". Egli morì nel 1883, 35 anni dopo la pubblicazione del Manifesto comunista. In quei 35 anni pubblicò molti volumi, ma in nessuno di essi disse cosa effettivamente intendeva con il termine "classe". Dopo la morte di Marx, Friedrich Engels pubblicò il manoscritto incompiuto del terzo volume del *Das Kapital* di Marx. Engels disse che questo manoscritto era stato trovato nella scrivania di Marx dopo la sua morte, ma che egli aveva interrotto i lavori molti anni prima di morire. In un capitolo di tre pagine di quel volume, Marx ci dice che cosa *non* è una "classe". Ma chi prova a cercare in tutti i suoi scritti la definizione di cosa effettivamente è una "classe" non lo troverà mai. In realtà, le "classi" non esistono in natura. È il nostro pensare – la nostra organizzazione mentale in categorie – che costruisce le classi nelle nostre menti. La questione non è se le classi sociali esistano nel senso marxiano, bensì se possiamo usare il concetto di classi sociali nel modo in cui lo intendeva Karl Marx. Non lo possiamo fare.

Marx non vedeva che il problema de "l'interesse" di un individuo, o di una classe, non può essere risolto semplicemente riferendosi al fatto che esiste un tale interesse e che gli uomini devono agire secondo i loro interessi. Si devono porre due domande: (1) Verso quali fini ultimi questi "interessi" conducono le persone? (2) Quali metodi le persone vogliono usare per raggiungere questi fini?

La Prima Internazionale era un piccolo gruppo di persone, un comitato di pochi uomini a Londra, amici e nemici di Karl Marx. Qualcuno suggerì loro di collaborare con il movimento sindacale britannico. Nel 1865, durante la riunione del Comitato Internazionale, Karl Marx lesse un *paper*, *"Value, Price, and Profit"*, uno dei suoi pochi scritti originalmente scritti in inglese. In questo *paper*, egli sottolineava che i metodi del movimento sindacale erano pessimi e che dovevano essere cambiati.

Parafrasandolo: «I sindacati vogliono migliorare il destino dei lavoratori all'interno del sistema capitalista – ciò è senza speranza e inutile. Nell'ambito del sistema capitalista non c'è alcuna possibilità di migliorare lo stato dei lavoratori. Il massimo che un sindacato potrebbe ottenere seguendo questa strategia sarebbe un successo a breve termine. I sindacati devono abbandonare questa politica 'conservatrice'; devono adottare la politica rivoluzionaria. Devono lottare per l'abolizione della 'società salariale' in quanto tale e lavorare per l'avvento del socialismo». Marx non ebbe il coraggio di pubblicare questo *paper* durante la sua vita; fu pubblicato solo dopo la sua morte da una delle sue figlie. Non voleva inimicarsi i sindacati, sperava ancora che abbandonassero la loro teoria.

Ecco, qui si nota un esplicito conflitto di opinioni tra i propri proletari riguardo a quali sarebbero i mezzi più adeguati. I sindacati proletari e Marx non erano d'accordo su ciò che era ne "l'interesse" dei proletari. Marx diceva che "l'interesse" di una classe era ovvio, tutti per forza lo conoscerebbero – non ci poteva essere il minimo dubbio. Poi arriva un uomo che non appartiene affatto a questa classe proletaria, uno scrittore e un avvocato che dice ai sindacati che si sbagliavano. «Questa è una politica sbagliata», disse. «Dovete cambiate radicalmente la vostra politica». Qui si frantuma tutta l'idea di classe, l'idea secondo la quale un individuo può anche sbagliare a volte, ma che una classe considerata nel suo insieme non potrebbe sbagliare mai.

Le critiche alle dottrine marxiane sono sempre state superficiali. Non hanno fatto notare come Marx si sia contraddetto da solo e come non sia riuscito a spiegare le proprie idee. La critica di Böhm-Bawerk[6] è stata solida, ma egli non coprì l'intero sistema marxiano. I critici di

---

[6] "The Unresolved Contradiction in the Economic Marxian System" in Shorter Classics of Eugen von Böhm-Bawerk, (South Holland, Ill.: Libertarian Press, 1962 [1896; Eng. Trans. 1898]), pp. 201–302.

Marx non hanno scoperto nemmeno le contraddizioni più manifeste di Karl Marx.

Marx credeva nella "legge di ferro dei salari" e perciò la accettò come base fondamentale della sua dottrina economica. Non gli piaceva il termine tedesco per questa legge (*Das eherne ökonomische Gesetz*, la "legge di bronzo dell'economia"), sul quale Ferdinand Lassalle (1825-1864) aveva pubblicato un opuscolo. Karl Marx e Ferdinand Lassalle non erano amici, erano concorrenti, concorrenti molto seri. Marx diceva che l'unico contributo di Lassalle era il termine stesso, la legge "di bronzo" dei salari. E per di più, il termine era preso in prestito dal dizionario e da Goethe[7].

La "legge di ferro dei salari" sopravvive ancora in molti libri di testo, nella mente dei politici, e di conseguenza in molte delle nostre leggi. Secondo la "legge di ferro dei salari", il salario è determinato dalla quantità di cibo e altri bisogni necessari alla preservazione e alla perpetuazione della vita, ovvero al sostenimento dei figli degli operai fino a quando non potranno lavorare essi stessi nelle fabbriche. Se il salario sale al di sopra di questo valore ideale, il numero di lavoratori aumenterà e l'aumento del numero di lavoratori porterà il salario ai valori inferiori precedenti. I salari non possono scendere

---

[7] Marx criticò Lassalle anche per aver usato il termine "*Arbeiterstand*" (stato del lavoro); Marx disse che Lassalle si era confuso, ma non spiegò mai come Lassalle si fosse confuso. L'espressione Nach ewigen, ehrnen, Großen Gesetzen (Per eterne leggi, grandi e di bronzo) fu usata da Johann Wolfgang von Goethe nella poesia *Das Göttliche* [Il Divino], del 1783.

al di sotto di questo valore ideale perché altrimenti ci sarebbe una carenza di manodopera. Dunque, questa legge ritiene che il lavoratore sia una sorta di microbo o di roditore senza libera scelta o libero arbitrio.

Se si ritiene assolutamente impossibile, sotto il sistema capitalistico, che i salari si discostino da questa rigida legge, come si potrebbe ancora parlare, come fece Marx, dell'inevitabile e progressivo impoverimento dei lavoratori? C'è una contraddizione insolubile tra l'idea marxiana della legge ferrea dei tassi salariali, secondo la quale i salari rimarranno fermi alla rigida somma sufficiente a sostenere i figli dei lavoratori fino a quando non potranno diventare essi stessi lavoratori, e la sua filosofia della Storia, che sostiene che i lavoratori saranno sempre più impoveriti fino a quando non saranno spinti alla ribellione generalizzata, portando così al socialismo.

Ovviamente entrambe le dottrine sono assurde.

Cinquant'anni fa addirittura i principali scrittori socialisti furono costretti a ricorrere ad elaborati schemi nel tentativo di difendere le loro teorie. Ciò che è sorprendente è che, nel corso del secolo successivo alla pubblicazione degli scritti di Marx, nessuno abbia mai sottolineato questa contraddizione. E questa non è l'unica contraddizione di Karl Marx.

Ciò che ha veramente distrutto Marx è stata la sua idea del progressivo impoverimento dei lavoratori. Marx non vedeva che la caratteristica più importante del capitalismo era la produzione su larga scala per soddisfare i bisogni delle masse, che l'obiettivo principale dei capitalisti era proprio quello di produrre per le ampie e grandi masse popolari. Marx non riusciva a capire nemmeno che sotto il capitalismo il cliente ha sempre ragione. Nella sua qualità di salariato, il lavoratore non può determinare cosa dev'essere prodotto, ma nella qualità di consumatore egli diventa il vero capo e dice al suo datore di lavoro, l'imprenditore, cosa fare. L'imprenditore deve obbedire agli ordini dei lavoratori, visto che sono loro la massa dei consumatori.

La signora Webb[8], come gli altri socialisti, era la figlia di un uomo d'affari benestante. Come gli altri socialisti, pensava che suo padre fosse un autocrate che dava ordini a tutti. Non vedeva che egli era invece soggetto alla sovranità degli ordini dei consumatori nel mercato. La "grande" signora Webb non era più intelligente del più stupido fattorino che vede solo che il suo capo dà ordini.

Marx non aveva dubbi su quali fossero i fini verso i quali gli uomini miravano. Né aveva dubbi sul modo migliore per raggiungerli. Com'è possibile che un uomo che leggeva così tanto e che interruppe la sua lettura solo per scrivere, non si sia reso conto della discrepanza delle sue idee?

Per rispondere a questa domanda, dobbiamo ritornare al pensiero della sua epoca. Era il tempo dell'*Origine delle specie* di Charles Darwin (1859). La moda intellettuale di quel periodo era guardare gli uomini soltanto dal punto di vista della loro appartenenza alla classe zoologica dei mammiferi, che agivano secondo determinati istinti.

---

[8] Beatrice Webb (1858–1943), wife of Sidney Webb (1859–1947), later Lady and Lord Passfield, British Fabians

Marx non tenne conto dell'evoluzione dell'umanità al di sopra del livello degli uomini enormemente primitivi. Considerava il lavoro non qualificato come il tipo normale di lavoro e il lavoro qualificato come l'eccezione. In uno dei suoi libri scrisse che il progresso e il miglioramento tecnologico delle macchine provocano la scomparsa degli specialisti perché la macchina può essere operata da chiunque; non ci vuole una particolare abilità per operare una macchina. Pertanto, diceva Marx, l'uomo medio del futuro sarà il non-specialista.

Per quanto riguarda molte delle sue idee, Marx apparteneva a epoche ancora più antiche, soprattutto nell'ambito della costruzione della sua filosofia della Storia. Marx sostituì l'evoluzione di Hegel basata sul *Geist* con l'evoluzione dei fattori materiali di produzione. Non si rese conto che i fattori materiali della produzione, cioè, gli strumenti e le macchine, sono in realtà prodotti della mente umana. Diceva che questi utensili e macchine, le forze produttive materiali, porterebbero inevitabilmente al socialismo. La sua teoria è stata nominata "materialismo dialettico", abbreviato dai socialisti in "diamat" (da *dialectical materialism*, in inglese)[9].

Marx ragionò seguendo uno schema che andava dalla *tesi* alla *negazione della tesi* alla *negazione della negazione*. La proprietà privata dei mezzi di produzione da parte di ogni singolo lavoratore era l'inizio, la *tesi*. Questo era lo stato delle cose in una società in cui ogni lavoratore era o un contadino indipendente o un artigiano che possedeva gli strumenti con i quali lavorava. La *negazione della tesi* era la proprietà sotto il capitalismo, cioè, quando gli strumenti non erano più di proprietà degli operai, ma dei capitalisti. La *negazione della negazione* invece era la proprietà dei mezzi di produzione che passava a tutta la società. Ragionando in questo modo, Marx disse di aver scoperto la legge dell'evoluzione storica – ed è per questo che l'ha chiamata "socialismo scientifico".

Marx etichettò tutti i precedenti socialisti come "socialisti utopici", perché cercavano di far notare per quale motivo il socialismo era migliore. Volevano convincere i propri concittadini dei benefici del socialismo, ritenendo

---

[9] In una digressione, il dottor Mises ha raccontato di una sua visita a una scuola in Messico, una "*escuela socialista*" (in italiano, "scuola socialista"). Mises chiese al preside messicano della scuola cosa significasse "scuola socialista". Il preside spiegò che la legge messicana imponeva alle scuole l'obbligo di insegnare la dottrina darwiniana dell'evoluzione e il materialismo dialettico. Poi il preside fece un breve commento sulla disposizione di legge che stabiliva tale requisito e sul sistema scolastico stesso: «C'è una grande differenza tra la lettera della legge e la pratica. Il 90% degli insegnanti nelle nostre scuole è di sesso femminile e la maggior parte di loro sono cattolici praticanti»

che essi avrebbero deciso di adottare tale sistema non appena si sarebbero convinti che fosse il migliore. Erano "utopisti", disse Marx, perché cercavano di descrivere il futuro paradiso terrestre. Tra i precursori "utopisti" di Marx c'erano Saint-Simon, un aristocratico francese; Robert Owen (1757-1858), un manifatturiero britannico; e Charles Fourier (1772-1837), un francese che era senza dubbio un pazzo. (Fourier era chiamato il "fou [folle] du Palais-Royal". Faceva affermazioni del tipo: «Dopo l'avvento del socialismo, l'oceano non sarà più sale, ma limonata»). Marx considerava questi tre i grandi precursori dell'idea socialista, anche se, nelle sue parole, essi non si rendevano conto che quello che affermavano era solamente "utopistico". Si aspettavano l'avvento del socialismo come conseguenza di un mutamento nell'opinione pubblica, mentre per Marx l'avvento del socialismo era del tutto inevitabile: il socialismo sarebbe arrivato con l'ineluttabilità della natura stessa.

Da un lato, Karl Marx scrisse dell'*inevitabilità* del socialismo. Ma dall'altro lato, egli organizzò un movimento socialista, un partito socialista, dichiarò più volte che il suo socialismo era rivoluzionario, e che il rovesciamento violento del governo era necessario per la sua realizzazione.

Marx prese in prestito le sue metafore dalla ginecologia. Il partito socialista è come l'ostetricia, diceva Marx, perché rende possibile l'avvento del socialismo. Quando si domandava ai marxisti per quale ragione non fosse più adeguato favorire l'*evoluzione* piuttosto che la *rivoluzione*, dato che l'intero processo era ritenuto da essi inevitabile, questi rispondevano: «Non ci sono evoluzioni nella vita. La stessa nascita non è una rivoluzione?»

Secondo Marx, l'obiettivo del partito socialista non era quello di influenzare, ma solo di aiutare l'inevitabile. Tuttavia, l'ostetricia stessa influenza e cambia le condizioni della realtà, l'ostetricia ha effettivamente portato molti progressi nell'ambito della medicina, e ha persino salvato delle vite. E salvando vite umane si potrebbe dire che l'ostetricia ha effettivamente cambiato il corso della storia.

Il termine "scientifico" acquisì prestigio nel corso del XIX secolo. L'Anti-Dühring di Engels (1878) divenne uno dei libri di maggior successo tra gli scritti dei marxisti filosofici. Un capitolo di questo libro fu ristampato come opuscolo con il titolo *The Development of Socialism from Utopia to Science*" (in italiano, "Lo sviluppo del socialismo dall'utopia alla scienza") ed ebbe un enorme successo. Karl Radek (1885-1939), comunista sovietico, scrisse più tardi un opuscolo intitolato *The Development of Socialism, from Science to Action*" (in italiano, "Lo sviluppo del socialismo, dalla scienza all'azione").

La dottrina ideologica di Marx fu inventata per screditare gli scritti della borghesia. Tomás Masaryk (1850-1937) della Cecoslovacchia nacque in una famiglia di poveri contadini e operai, e scrisse del marxismo. Eppure, i marxiani lo chiamavano borghese. Come poteva essere considerato "borghese" se Marx ed Engels si definivano "proletari"?

Se i proletari devono pensare secondo gli "interessi" della loro classe, cosa significa se ci sono disaccordi e dissensi tra loro? La confusione rende la situazione molto difficile da spiegare. Quando c'è dissenso tra i proletari, chiamano un dissenziente "traditore sociale". Dopo Marx ed Engels, il grande uomo dei comunisti fu un tedesco, Karl Kautsky (1854-1938). Nel 1917, quando Lenin cercò di rivoluzionare il mondo intero, Karl Kautsky si oppose all'idea. E, a causa di questo disaccordo, l'ex grande uomo del partito divenne da un giorno all'altro un "traditore sociale" e fu chiamato in questo modo – e in molti altri – negli anni successivi.

Questa idea è come quella dei razzisti. I razzisti tedeschi avevano dichiarato che un preciso insieme di idee politiche erano tedesche e che ogni vero tedesco avrebbero dovuto necessariamente ragionare secondo questo paradigma. Questa era l'idea nazista. Secondo i nazisti, la situazione migliore era quella dello stato di guerra. Ma alcuni tedeschi – Kant, Goethe e Beethoven, ad esempio – avevano diverse idee "non tedesche". Se non tutti i tedeschi pensano in un certo modo, chi decide quali idee sono tedesche e quali no? La risposta può solo essere che una "voce interiore" è lo *standard* definitivo, il metro di valutazione supremo. Questa posizione porta necessariamente a conflitti che prima o poi conducono a una guerra civile, o addirittura a una guerra internazionale.

C'erano due gruppi di russi che si consideravano proletari: i bolscevichi e i menscevichi. L'unico metodo per "risolvere" i disaccordi esistenti tra loro ovviamente era quello di usare la forza e l'eliminazione. I bolscevichi vinsero. Successivamente, all'interno del gruppo dei bolscevichi comunisti sorsero ulteriori divergenze d'opinione – tra Trotsky[10] e Stalin – e l'unico modo per risolvere tali conflitti fu l'epurazione. Trotsky fu costretto all'esilio, ad andare in Messico, e lì, nel 1940, fu ucciso a colpi di piccozza. Stalin fu assolutamente un innovatore: egli risaliva al rivoluzionario Marx del 1859, non all'interventista Marx del 1848.

Purtroppo, le purghe non sono qualcosa che accade solo perché gli uomini sono imperfetti. Le purghe sono la conseguenza inevitabile delle basi filosofiche del socialismo marxiano. Se non si può discutere delle differenze filosofiche di opinione nello stesso modo in cui si discute di altri problemi, bisogna trovare un'altra soluzione: e tale soluzione passerà inevitabilmente attraverso l'uso della violenza e del potere.

Ciò non si riferisce solo al dissenso riguardo alle *public policies*, ai problemi economici, alla sociologia, al diritto, e così via. Si riferisce anche ai problemi nell'ambito delle scienze naturali. I coniugi Webb, Lord e Lady Passfield sono rimasti sconvolti nello scoprire che le riviste e i giornali russi trattavano anche dei problemi delle scienze naturali dal punto di vista della filosofia del marxismo-leninismo-stalinismo. Ad esempio, se c'è una divergenza di opinioni riguardo alla scienza o alla genetica, la soluzione dev'essere decisa dal "leader".

Questa è l'inevitabile e necessaria conseguenza del fatto che, secondo la dottrina marxista, non è possibile l'esistenza del dissenso tra persone oneste: o la pensi

---

[10] Leon Trotsky (1879–1940)

come me o sei un traditore e devi essere eliminato.

Il *Manifesto comunista* apparve nel 1848. In tale documento Marx predicava la rivoluzione e credeva che essa fosse proprio dietro l'angolo. Credeva, all'epoca, che il socialismo dovesse essere portato avanti da una serie di misure interventiste. Egli elencò dieci misure interventiste, tra cui l'imposta progressiva sul reddito, l'abolizione dei diritti di successione, la riforma agraria e così via. Queste misure erano insostenibili, disse Marx, ma necessarie per l'avvento del socialismo.

Dunque, nel 1848, Marx ed Engels credevano che il socialismo potesse essere raggiunto attraverso l'interventismo. Nel 1859, undici anni dopo il *Manifesto comunista*, Marx ed Engels avevano abbandonato la difesa degli interventi; non si aspettavano più che il socialismo derivasse da cambiamenti legislativi, ma che venisse portato avanti da un cambiamento radicale da un giorno all'altro. Da questo punto di vista, i seguaci di Marx ed Engels considerarono le misure successive - il *New Deal*, il *Fair Deal*, e così via - come politiche "piccolo-borghesi". Negli anni Quaranta del XIX secolo, Engels disse che le leggi britanniche sul lavoro erano un segno di progresso e un segno del crollo del capitalismo. Alcuni anni dopo tali misure interventiste (o politiche interventiste, *Sozialpolitik*) furono definite da loro pessime.

Nel 1888 – 40 anni dopo la pubblicazione del *Manifesto comunista* – una traduzione fu fatta da uno scrittore inglese ed Engels aggiunse alcuni commenti a tale opera. Facendo riferimento alle dieci misure interventiste sostenute nel *Manifesto*, egli disse che queste misure non solo erano insostenibili, come affermava il *Manifesto*, ma proprio perché erano insostenibili, avrebbero necessariamente spinto sempre più verso misure di questo tipo e prima o poi *queste* misure più avanzate avrebbero portato al socialismo.

TERZA LEZIONE

INDIVIDUALISMO E RIVOLUZIONE INDUSTRIALE

I liberali sottolineavano l'importanza dell'individuo. I liberali del XIX secolo già consideravano lo sviluppo dell'individuo la cosa più importante. "Individuo e individualismo" era lo slogan progressista e liberale, e i reazionari avevano già attaccato questa posizione agli albori del XIX secolo.

I razionalisti e i liberali del XVIII secolo rafforzarono l'idea che l'importante era che ci fossero buone leggi. Le antiche usanze che non potevano essere giustificate in maniera razionale dovevano essere abbandonate. L'unica giustificazione di una legge era la sua capacità di promuovere o meno il benessere pubblico. In molti Paesi, i liberali e i razionalisti chiedevano costituzioni scritte, la codificazione delle leggi e nuove leggi che permettessero lo sviluppo delle facoltà di ogni individuo.

Una reazione a questa idea si sviluppò soprattutto in Germania, Paese nel quale il giurista e storico del diritto Friedrich Karl von Savigny (1779-1861) era attivo. Savigny dichiarò che le leggi non potevano essere scritte dagli uomini. Secondo Savigny, le leggi venivano sviluppate, in una sorta di modo mistico, dall'anima dell'intera unità. Non è l'individuo che pensa – è la nazione o un'entità sociale che usa l'individuo solo per l'espressione del proprio pensiero. Quest'idea fu molto enfatizzata da Marx e dai marxisti. A questo proposito i marxisti non erano seguaci di Hegel, la cui idea principale dell'evoluzione storica era quella di un'evoluzione verso la libertà dell'individuo.

Dal punto di vista di Marx ed Engels, l'individuo era un qualcosa di trascurabile agli occhi della nazione; essi negavano che l'individuo avesse un ruolo nell'evoluzione storica. La Storia percorre da sola la propria strada. Le forze produttive materiali vanno per conto loro, sviluppandosi indipendentemente dalla volontà degli individui. E gli eventi storici si presentano con l'inevitabilità di una legge di natura. Le forze produttive materiali funzionano come un regista in un'opera lirica: devono avere a disposizione un sostituto in caso di problemi, così come il regista dell'opera deve avere un sostituto se il cantante si ammala. Secondo questa idea, Napoleone e Dante, ad esempio, erano del tutto irrilevanti: se non fossero apparsi per occupare il loro posto speciale nella Storia, sicuramente qualcun altro avrebbe fatto la sua comparsa sul palco per farlo al posto loro.

Per capire certe parole, è necessario capire la lingua tedesca. A partire dal XVII secolo si fece un notevole sforzo per combattere l'uso delle parole latine e per eliminarle dalla lingua tedesca. In molti casi rimase una parola straniera, anche se c'era anche un'espressione tedesca con lo stesso significato. Le due parole iniziavano come sinonimi, ma nel corso della storia acquisivano significati diversi. Prendiamo, ad esempio, la parola *Umwälzung*, la traduzione letterale tedesca della parola latina *revolutio*. Semanticamente, nella parola latina, non c'era il senso di lotta. Dunque, si svilupparono due significati per la parola "rivoluzione": uno per la rivoluzione violenta, l'altro per una sorta di rivoluzione graduale, come la "Rivoluzione industriale". Tuttavia, Marx usa la parola tedesca *Revolution* non solo per le rivoluzioni violente, come quella francese e quella russa, ma la impiega anche per la graduale Rivoluzione industriale.

Per inciso, il termine Rivoluzione industriale fu introdotto da Arnold Toynbee (1852-1883). I marxisti dicono che «ciò che promuove il rovesciamento del capitalismo non è una rivoluzione: basta guardare alla Rivoluzione industriale».

Marx attribuì un significato speciale alla schiavitù, alla servitù e ad altri sistemi di soggezione. Era necessario, diceva, che i lavoratori fossero liberi in modo che lo sfruttatore potesse sfruttarli. Quest'idea nacque dall'interpretazione che diede alla situazione del signore feudale che doveva preoccuparsi per i suoi lavoratori anche quando non lavoravano. Marx interpretava i cambiamenti liberali che si svilupparono come la liberazione dello sfruttatore dalla responsabilità per la vita dei lavoratori. Egli non capiva che il movimento liberale era diretto all'abolizione della disuguaglianza legale – come, ad esempio, quella che esisteva tra servo e signore.

Karl Marx credeva che l'accumulo di capitale fosse un ostacolo. Ai suoi occhi, l'unica spiegazione per l'accumulo di ricchezza era che qualcuno aveva derubato qualcun altro. Per Karl Marx l'intera rivoluzione industriale consisteva semplicemente nello sfruttamento dei lavoratori da parte dei capitalisti. Secondo il suo pensiero, la situazione dei lavoratori è peggiorata con l'avvento del capitalismo.

La differenza tra la loro situazione e quella degli schiavi e dei servi era solo che il capitalista non aveva l'obbligo di prendersi cura degli operai che non erano più sfruttabili, mentre il signore era obbligato a prendersi cura degli schiavi e dei servi. Questa è un'altra delle contraddizioni insolubili del sistema marxiano. Eppure, oggi è accettata da molti economisti senza che si rendano conto di in che cosa effettivamente consiste questa contraddizione.

Secondo Marx, il capitalismo è una tappa necessaria e inevitabile nella Storia dell'umanità, poiché conduce gli uomini dalle condizioni primitive al millennio del socialismo. Se il capitalismo è un passo necessario e inevitabile nella strada verso il socialismo, allora non si può affermare con coerenza, dal punto di vista di Marx, che ciò che il capitalista fa sia eticamente e moralmente sbagliato. Dunque, perché Marx attacca i capitalisti?

Marx dice che una parte della produzione viene appropriata dai capitalisti e sottratta agli operai. Secondo Marx, questo è molto grave. La conseguenza è che i lavoratori non sono più in grado di consumare l'intera produzione da essi prodotta. Una parte di ciò che hanno prodotto, quindi, rimane non consumata – il cosiddetto "sottoconsumo". Per questa ragione, ovvero perché c'è un sottoconsumo, le depressioni economiche si verificano regolarmente. Questa è la teoria marxiana del sottoconsumo delle depressioni. Ciononostante, Marx contraddice questa teoria altrove.

Gli scrittori marxiani non spiegano perché la produzione procede da metodi più semplici a metodi sempre più complicati.

Marx non menzionò neanche il seguente fatto: intorno al 1700, la popolazione della Gran Bretagna era di circa cinque milioni e mezzo di abitanti; alla metà del 1700, la popolazione era di sei milioni e mezzo, dei quali circa 500.000 erano indigenti. L'intero sistema economico aveva prodotto un "*surplus*" demografico. Il problema del *surplus* demografico apparve prima in Gran Bretagna e solo successivamente nell'Europa continentale. Ciò avvenne, innanzitutto, perché la Gran Bretagna era un'isola e quindi non era soggetta all'invasione di eserciti stranieri, fatto che storicamente contribuì a ridurre la popolazione in Europa. Le guerre in Gran Bretagna erano guerre civili e, pur essendo comunque sanguinarie, giunsero presto o tardi alla fine. Successivamente quest'ostacolo al *surplus* demografico scomparve e il numero di persone "in eccedenza" iniziò a crescere. In Europa la situazione era diversa: per prima cosa, l'opportunità di lavorare in agricoltura era più favorevole che in Inghilterra.

Il vecchio sistema economico inglese non riusciva a far fronte al *surplus* demografico. Le persone in eccedenza erano per lo più persone ai margini della società – mendicanti, ladri, criminali e prostitute. Questi erano sostenuti da varie istituzioni, dalle leggi per i poveri (*poor laws*[11]) e dalla carità delle comunità. Alcuni furono arruolati nell'esercito e nella marina per il servizio all'estero. C'erano anche persone superflue nell'agricoltura.

---

[11] Legislazione inglese relativa all'assistenza pubblica ai poveri, risalente all'epoca elisabettiana e modificata nel 1834 al fine di istituire un soccorso uniforme sotto la supervisione nazionale.

Il sistema esistente basato sulle corporazioni e sugli altri monopoli nelle industrie di trasformazione rese impossibile l'espansione dell'industria. In quelle epoche precapitalistiche, c'era una netta divisione tra le classi sociali che potevano permettersi scarpe e vestiti nuovi e quelle che non potevano. Le industrie di trasformazione producevano beni diretti soprattutto a soddisfare i bisogni delle classi superiori. Quelli che non potevano permettersi vestiti nuovi indossavano abiti di seconda mano. C'era poi un commercio considerevole di vestiti di seconda mano – tale ramo del commercio scomparve quasi completamente quando l'industria moderna cominciò a produrre anche per le classi inferiori.

Se il capitalismo non avesse fornito i mezzi di sostentamento a queste persone "in eccedenza", esse sarebbero morte di inedia. Il vaiolo causò molte morti in epoca precapitalistica; ora è stato praticamente debellato. I miglioramenti nella medicina sono anche un prodotto del capitalismo.

Quella che Marx definì la grande catastrofe della Rivoluzione industriale non fu affatto una catastrofe. La Rivoluzione industriale portò a un enorme miglioramento delle condizioni di vita della popolazione. Molte persone, che altrimenti non sarebbero sopravvissute, furono in grado di sopravvivere. Non è vero, come diceva Marx, che i miglioramenti tecnologici sono disponibili solo per gli sfruttatori e che le masse vivono in uno stato di gran lunga peggiore rispetto a quanto avveniva alla vigilia della Rivoluzione industriale. Rivoluzione. Tutto quello che i marxisti dicono sullo sfruttamento è assolutamente sbagliato! Menzogne! In realtà, il capitalismo ha reso possibile la sopravvivenza di molte persone che altrimenti non sarebbero sopravvissute. E oggigiorno molte persone, o la maggior parte di queste, godono di un tenore di vita molto più alto di quello in cui versavano i loro antenati centro o duecento anni fa.

Nel corso del XVIII secolo comparvero sulla scena alcuni eminenti autori – il più noto dei quali fu Adam Smith (1723-1790) – che invocavano la libertà di commercio e si schierarono contro i monopoli, contro le corporazioni e contro i privilegi concessi dal re e dal Parlamento. In secondo luogo, alcuni individui ingegnosi, quasi senza risparmi e capitali, cominciarono a organizzare i poveri affamati per la produzione, non nelle fabbriche, ma al di fuori di queste, e non solo per le classi superiori. Questi produttori appena organizzati cominciarono a produrre beni semplici diretti proprio al consumo delle grandi masse.

Questo fu il grande cambiamento che avvenne; questa fu la Rivoluzione industriale. E questa Rivoluzione industriale rese disponibili così tanto cibo e così tanti beni rispetto a prima che la popolazione iniziò ad aumentare. Nessuno vedeva meno di Karl Marx quello che stava realmente accadendo. Alla vigilia della Seconda guerra mondiale, la popolazione era aumentata così tanto che c'erano 60 milioni di inglesi.

Non si possono paragonare gli Stati Uniti all'Inghilterra. Gli Stati Uniti nacquero quasi come un Paese del capitalismo moderno. Tuttavia, possiamo dire con certezza che sette su otto persone che vivono oggi nei Paesi occidentali sono vive solo grazie alla Rivoluzione industriale.

Sei proprio sicuro di essere quell'unico individuo su otto che sarebbe sopravvissuto anche senza Rivoluzione industriale? Se non ne sei sicuro, soffermati un po' a considerare le conseguenze di tale Rivoluzione.

L'interpretazione data da Marx alla Rivoluzione industriale si applica anche all'interpretazione della "sovrastruttura". Marx diceva che le "forze produttive materiali", ovvero gli strumenti e le macchine, producono le "relazioni di produzione" – la struttura sociale, i diritti di proprietà, e così via –, che producono la "sovrastruttura" – la filosofia, l'arte e la religione. La "sovrastruttura", disse Marx, dipende dalla situazione di classe degli individui, cioè, se si tratta di un poeta, di un pittore etc. Marx interpretava tutto ciò che accadeva nella vita spirituale della nazione da questo punto di vista.

Arthur Schopenhauer (1788-1860) fu chiamato filosofo dei proprietari di azioni e obbligazioni ordinarie. Friedrich Nietzsche (1844-1900) fu chiamato il filosofo delle grandi aziende. Per ogni cambiamento nell'ideologia, per ogni cambiamento nella musica, nell'arte, nella scrittura di romanzi o di opere teatrali, i marxiani avevano un'interpretazione immediata. Ogni nuovo libro era spiegato dalla "sovrastruttura" di quel particolare giorno. Ad ogni libro veniva assegnato un aggettivo – "borghese" o "proletario". La borghesia era considerata una massa reazionaria indifferenziata.

Non pensare che sia possibile per un uomo praticare per tutta la vita una certa ideologia senza crederci. L'uso del termine "capitalismo maturo" dimostra quanto pienamente le persone, che non si considerano in alcun modo marxiane, siano state influenzate da Marx. Il signore e la signora Hammond, come quasi tutti gli storici, hanno accettato l'interpretazione marxiana della Rivoluzione industriale[12]. L'unica eccezione è Ashton[13].

Karl Marx, nella seconda parte della sua carriera, non era un interventista; era favorevole al *laissez faire*. Dato che si aspettava che il crollo del capitalismo e la sostituzione del socialismo venissero dalla piena maturità del capitalismo, era favorevole a lasciare che il capitalismo si sviluppasse. In questo senso era, nei suoi scritti e nei suoi libri, un sostenitore della libertà economica.

Marx riteneva che le misure interventiste fossero sfavorevoli perché ritardavano l'avvento del socialismo. I sindacati difendevano determinati interventi e, perciò, Marx si opponeva ad essi. Ad ogni modo i sindacati non producono nulla e sarebbe stato impossibile aumentare i salari se in primo luogo i produttori non avessero prodotto di più.

Marx sostenne che gli interventi avevano danneggiato gli interessi dei lavoratori. I socialisti tedeschi votarono contro le riforme sociali che Bismarck istituì nel 1881 circa (Marx morì nel 1883). E negli Stati Uniti i comunisti erano contrari al *New Deal*. Naturalmente la vera ragione della loro opposizione al governo al potere era molto di-

---

[12] J. L. e Barbara Hammond, autori della triologia The Village Labourer (1911), The Town Labourer (1917), e The Skilled Labourer (1919)

[13] T.S. Ashton, The Industrial Revolution 1760-1830 (London: Oxford University Press, 1998 [1948, 1961])

versa. Nessun partito dell'opposizione vuole assegnare così tanto potere a un altro partito. Nell'elaborazione dei programmi socialisti, chiunque presume tacitamente di essere il futuro pianificatore o dittatore – o che il pianificatore/dittatore sarà intellettualmente completamente dipendente da lui, o anche che il pianificatore/dittatore sarà una sorta di tuttofare al suo servizio. Nessuno vuole essere una pedina nello schema di pianificazione di qualcun altro.

Queste idee di pianificazione risalgono al trattato di Platone sulla forma della Repubblica. Platone era molto schietto: pianificò un sistema governato esclusivamente da filosofi. Voleva eliminare tutti i diritti e le decisioni individuali: nessuno sarebbe potuto andare da nessuna parte, riposare, dormire, mangiare, bere o lavarsi, a meno che non gli venisse detto di farlo. Platone voleva ridurre le persone allo stato di pedine del suo piano. Ciò che serve, per lui, è un dittatore che nomini un filosofo come una sorta di Primo ministro o Presidente del Consiglio centrale per la gestione della produzione. Il programma di tutti questi socialisti coerenti – Platone e Hitler, ad esempio – prevedeva anche la "produzione" di futuri socialisti, la crescita e l'educazione dei futuri membri della società.

Nei 2300 anni successivi alla morte di Platone, ben poca opposizione è stata fatta alle sue idee. Anche da Kant. Il *bias* psicologico a favore del socialismo dev'essere preso in considerazione nella discussione delle idee marxiane. Questo non si limita a coloro che si definiscono marxiani.

I marxiani negano che esista una cosa come la ricerca della conoscenza per il solo gusto della conoscenza. Tuttavia, non sono coerenti nemmeno in questo caso, perché dicono che uno degli scopi dello stato socialista è quello di eliminare la ricerca della conoscenza. È un insulto, dicono, che le persone studino cose che sono inutili.

Ora voglio discutere il significato della distorsione ideologica delle verità. La coscienza di classe non si sviluppa all'inizio, ma deve inevitabilmente avvenire. Marx sviluppò la sua dottrina dell'ideologia perché si rese conto di non poter rispondere alle critiche sollevate contro il socialismo. La sua risposta fu: «Quello che dici non è vero. È solo ideologia. Ciò che un determinato uomo pensa, fino a quando non avremo una società senza classi, è necessariamente un'ideologia di classe – un qualcosa che si basa su una falsa coscienza, su una falsa consapevolezza». Senza ulteriori spiegazioni, Marx suppose che tale ideologia fosse utile alla classe e ai membri della classe che l'avevano sviluppata. Tali idee avevano come obiettivo il perseguimento degli scopi della loro classe.

Giunsero Marx ed Engels e svilupparono le idee di classe del proletariato. Pertanto, da questo momento in poi la dottrina della borghesia è assolutamente inutile. Forse si potrebbe dire che la borghesia aveva bisogno di questa spiegazione per tenere a bada la coscienza. Ma, perché dovrebbero tenere a bada la coscienza, se la loro esistenza è necessaria? Ed è necessaria, secondo la dottrina marxiana, perché senza la borghesia il capitalismo non può svilupparsi. E finché il capitalismo non è "maturo", non può esserci socialismo.

Secondo Marx, l'economia borghese, talvolta chiamata "apologia della produzione borghese", aiutava la borghesia. I marxiani avrebbero potuto dire che le riflessioni che la borghesia faceva riguardo a tale erronea teoria borghese giustificavano il sistema di produzione capitalista, non solo ai loro occhi, ma anche agli occhi degli stessi proletari sfruttati. Tutto ciò avrebbe reso possibile il sistema. Ma tale spiegazione sarebbe stata molto poco marxiana. Innanzitutto, secondo la dottrina marxiana, non è necessaria alcuna giustificazione al sistema di produzione borghese; i borghesi sfruttano perché sfruttare è il loro lavoro, così come è lavoro dei microbi sfruttare gli altri essere viventi. La borghesia non ha bisogno di alcuna giustificazione. La loro coscienza di classe mostra loro che devono fare esattamente ciò che fanno: sfruttare fa parte della natura del capitalista.

Un amico russo di Marx gli scrisse che il compito dei socialisti dovrebbe essere quello di aiutare la borghesia a sfruttare meglio il proletariato e Marx gli rispose che ciò non era necessario. Marx scrisse poi una breve nota in cui diceva che la Russia potrebbe raggiungere il socialismo senza passare per la fase capitalista. La mattina dopo deve essersi reso conto che, se avesse ammesso la possibilità che un Paese potesse saltare una delle tappe inevitabili, ciò avrebbe distrutto tutta la sua teoria. Dunque, non mandò il biglietto. Engels, che non era così brillante, scoprì questo pezzo di carta nella scrivania di Karl Marx, lo copiò nella sua stessa calligrafia e lo inviò a Vera Zasulich (1849-1919), che era famosa in Russia perché aveva tentato di assassinare il Commissario di Polizia a San Pietroburgo e fu assolta dalla giuria – aveva un buon avvocato di difesa. Questa donna pubblicò la nota di Marx, che divenne uno dei grandi beni del partito bolscevico.

Il sistema capitalistico è un sistema in cui la promozione avviene precisamente secondo il merito. Se le persone non vanno avanti, si crea dell'amarezza nelle loro menti. Riluttano ad ammettere di non avanzare a causa della loro mancanza di intelligenza. E perché non progrediscono abbastanza, si sfogano sulla società. Molti danno la colpa alla società e si rivolgono al socialismo.

Questa tendenza è particolarmente forte nelle file degli intellettuali.

Dal momento che i professionisti si trattano da pari, i meno capaci tra loro si considerano "superiori" ai non professionisti e sentono di meritare più riconoscimenti di quanti ne ricevano. L'invidia gioca un ruolo importante: c'è una predisposizione filosofica ad essere insoddisfatti dello stato di cose esistente. C'è insoddisfazione anche per le condizioni politiche. Se si è insoddisfatti, ci si chiede quale altro tipo di stato può essere considerato.

Marx aveva un "anti-talento", ovvero una mancanza di talento. Era influenzato da Hegel e Feuerbach, soprattutto dalla critica di Feuerbach al cristianesimo. Marx ammetteva che la dottrina dello sfruttamento era tratta da un opuscolo anonimo pubblicato negli anni Venti del XIX secolo. La sua teoria economica consisteva in una serie di distorsioni tratte dalle idee di David Ricardo

(1772-1823)[14].

Marx era economicamente ignorante; non si rendeva conto che possano esserci dubbi sui migliori mezzi di produzione da applicare. La grande domanda è: come dobbiamo utilizzare gli scarsi fattori di produzione disponibili?

Marx suppose che ciò che deve essere fatto sia ovvio. Non si rese conto che il futuro è sempre incerto, e che è il compito di ogni imprenditore provvedere al futuro sconosciuto. Nel sistema capitalista, gli operai e i tecnici obbediscono all'imprenditore. Sotto il socialismo, obbediranno al burocrate socialista. Marx non tenne conto del fatto che c'è una differenza tra dire ciò che dev'essere fatto e fare ciò che qualcun altro ha detto che deve essere fatto. Lo Stato socialista è necessariamente uno Stato di polizia.

La dissoluzione dello Stato era solo il tentativo di Marx di evitare di rispondere alla domanda su cosa sarebbe successo sotto il socialismo. Sotto il socialismo, i detenuti sapranno di essere puniti a beneficio dell'intera società.

Il terzo volume del *Das Kapital* fu riempito con lunghe citazioni delle audizioni delle commissioni parlamentari britanniche sulla moneta e il sistema bancario, e non hanno alcun senso[15]. Ad esempio, «Il sistema monetario è

---

[14] On the Principles of Political Economy and Taxation (London: John Murray, 1821 [1817]).

[15] Capital: A Critique of Political Economy, III (Chicago: Charles H. Kerr, Chicago, 1909), pp. 17, 530–677ff.

essenzialmente cattolico, il sistema creditizio essenzialmente protestante... Ma il sistema creditizio non si emancipa dalle basi del sistema monetario più di quanto il protestantesimo si emancipi dai fondamenti del cattolicesimo»[16]. Assolutamente assurdo!

---

[16] Ibid., p. 696.

NAZIONALISMO, SOCIALISMO E RIVOLUZIONE VIOLENTA

La dottrina marxiana non nega la possibilità che esista la Verità Assoluta, ma sostiene che questa possa essere raggiunta solo in una società senza classi – o in una società di classe proletaria.

Il libro principale di Lenin[17], o almeno il suo libro più voluminoso (ora disponibile nelle "Opere scelte di Lenin"), ha portato alcuni a definirlo filosofo. Sostanzialmente la critica di Lenin alle idee dei suoi avversari consiste nel chiamarli "borghesi". La filosofia di Lenin non è altro che una riaffermazione delle idee filosofiche di Marx; a dire il vero non è nemmeno al livello degli scritti sul marxismo di altri autori russi.

La teoria (o la filosofia) marxista non ha avuto alcuno sviluppo nei Paesi in cui vi erano partiti comunisti. Le persone che chiamiamo "marxiani" si considerano solo interpreti di Marx; non hanno mai cercato di cambiare nulla del suo pensiero. Tuttavia, vi sono contraddizioni in esso, ed è possibile citare diversi passaggi dei suoi scritti che lo dimostrano. L'influenza di Marx su *tutti* gli

---

[17] V.I. Lenin, Materialism and Empirio-criticism: Critical Comments on a Reactionary Philosophy (Moscow: Zveno Publishers, 1909).

autori e gli scrittori vissuti dopo la sua morte è stata notevole, anche se spesso non si ammette apertamente che essi siano stati effettivamente influenzati da lui.

Sebbene i marxiani in generale si considerassero esclusivamente interpreti di Marx, uno scrittore marxiano aggiunse qualcosa alle opere di Marx ed ebbe una forte influenza, non solo sul piccolo gruppo dei suoi seguaci, ma anche su altri autori.

Georges Sorel (1847-1922) – da non confondere con Albert Sorel (1842-1906) –, importante storico, sviluppò una filosofia per molti aspetti diversa da quella marxiana. E il suo lavoro influenzò l'azione politica e il pensiero filosofico. Sorel era un timido intellettuale borghese, un ingegnere. Si ritirò per discutere di queste cose con i suoi amici in una libreria di proprietà di Charles Péguy (1873-1914), un socialista rivoluzionario. Nel corso degli anni, Péguy cambiò le proprie opinioni e alla fine della sua vita divenne un convinto e ardente autore cattolico. Péguy aveva gravi conflitti con la sua famiglia e il suo rapporto con Sorel diventò importante. Egli era anche un uomo d'azione; difatti, morì in azione nel 1914 nelle prime settimane di guerra.

Sorel apparteneva psicologicamente al gruppo di persone che sognano l'azione, ma che non agiscono mai: non combatté in nessuna occasione. Come scrittore, però, Sorel era molto aggressivo. Egli elogiò la crudeltà e deplorò il fatto che essa stesse scomparendo sempre più dalla nostra vita. In uno dei suoi libri, *Reflections on Violence*, considerava una manifestazione di decadenza il fatto che i partiti marxiani, definendosi rivoluzionari, fossero degenerati in partiti parlamentari. Non apprezzava nemmeno i sindacati. Pensava infati che essi dovessero rinunciare all'impresa disperata di ricercare stipendi più alti, giacché, infatti, l'ideale sarebbe stato l'abbandono di tale comportamento conservatore e l'adozione del processo rivoluzionario.

Sorel vedeva chiaramente la contraddizione nel sistema di Marx, che da un lato parlava di rivoluzione e dall'altro diceva: «L'avvento del socialismo è inevitabile, e non si può accelerare il suo avvento perché il socialismo non può venire prima che le forze produttive materiali abbiano raggiunto tutto ciò che è possibile nel quadro della vecchia società». Sorel vedeva che questa idea di inevitabilità era in contraddizione diretta con l'idea di rivoluzione. Questa caratteristica contraddizione del sistema marxiano è un *vulnus* sul quale tutti i socialisti riflettono – Kautsky, ad esempio, lo fece spesso. Sorel adottò completamente l'idea di rivoluzione.

Sorel chiese ai sindacati di adottare una nuova tattica, *action directe* – attacco, distruzione, sabotaggio. Considerava queste politiche aggressive solo semplici preliminari al grande giorno in cui i sindacati avrebbero dichiarato uno "sciopero generale". Quello sarà il giorno in cui i sindacati dichiareranno: «D'ora in poi assolutamente non lavoriamo più. Vogliamo distruggere completamente la vita della nazione». Sciopero generale è solo un sinonimo di rivoluzione viva. L'idea di questa *action directe* è denominata "sindacalismo".

Sindacalismo può significare la proprietà dell'industria da parte dei lavoratori. I socialisti intendono con questo termine la proprietà da parte dello Stato e l'operazione per conto del popolo. Sorel voleva raggiungere questo obiettivo attraverso la rivoluzione. Non mise in discussione l'idea secondo la quale la Storia porterebbe al socialismo. Vi è una sorta di istinto che spinge gli uomini verso il socialismo, ma Sorel accettò tale istinto come superstizione, un impulso interiore che non può essere analizzato. Per questo motivo la sua filosofia è stata paragonata a quella dello *élan vital* (in italiano, "slancio vitale") di Henri Bergson (miti, fiabe, favole, leggende). Tuttavia, nella dottrina di Sorel, "mito" significa qualcos'altro: un'affermazione che non può essere criticata attraverso la ragione.

Il socialismo è un fine.

Lo sciopero generale è il grande mezzo.

La maggior parte degli scritti di Sorel risale al periodo 1890-1910. Ebbero un'enorme influenza nel mondo, non solo sui socialisti rivoluzionari, ma anche sui monarchici, sostenitori della restaurazione della Casa di Orange, l'"*Action française*", e in altri paesi l'"*Action nationale*". Ma tutti questi partiti sono diventati gradualmente un po' più "civili" di quanto Sorel pensasse che dovessero essere.

Fu quest'idea del sindacalismo francese a influenzare il movimento più importante del XX secolo. Lenin, Mussolini e Hitler furono tutti influenzati da Sorel, dall'idea dell'azione, dall'idea di non parlare ma di uccidere. L'influenza di Sorel su Mussolini e Lenin non fu messa in discussione. Per l'influenza del suo pensiero sul nazismo, si veda il libro di Alfred Rosenberg[18] intitolato "Il mito del XX secolo".

L'idea fondamentale del razzismo fu presa in prestito dai francesi[19]. L'unico uomo che realmente contribuì all'idea marxiana fu Sorel, insieme a un gruppo di sindacalisti – un gruppo relativamente piccolo, composto esclusivamente da intellettuali, e anche da ricchi e intellettuali oziosi, come i "*penthouse Bolshevists*"[20] di New

---

[18] Rosenberg [1893-1946] fu un ideologo nazista condannato a morte per crimini di guerra a Norimberga il 1° ottobre 1946. Fu giustiziato il 16 ottobre 1946.

[19] *Der Mythus des zwanzigsten Jahrhunderts*, de Alfred Rosenberg, si è ispirato alle opere *Essai sur l'Inegalité des Races Jumaines*, del conte Arthur de Gobineau (1816-1882), e *The Foundations of the Nineteenth Century*, di Houston Stewart Chamberlain (1855-1927), che è stato concepito come una sequenza di quest'ultimo libro.

[20] L'espressione scherzosa "*penthouse Bolshevists*" ["bolscevichi dell'attico", in italiano] fu coniata dal giornalista americano Eugene Lyons (1898-1985), critico socialista del regime sovietico e autore del libro "*The Red Decade: The Stalinist Penetration of America*" (1941), per designare la ricca borghesia che si era unita al pensiero comunista. Il termine ha guadagnato una maggiore adesione tra i membri del movimento libertario americano, tra cui Ludwig von Mises, attraverso l'articolo "*My War with the Reds*", della famosa scrittrice britannica Taylor Caldwell (1900-1985), pubblicato nell'edizione del 15 dicembre 1952 di *The Freeman*, edito dalla *Foundation for Economic Education* (FEE). La parola si riferisce al tipo di scrittore di sinistra solitamente conosciuto in altri Paesi come "esquerda caviar" (in portoghese brasiliano), *gauche caviar* (in francese), *Salonkommunist* (in tedesco) o "radical chic", in italiano. Oggi, negli Stati Uniti, il termine "limousine liberal" ("progressista limousine", in italiano), creato nel 1969 dal politico democratico Mario Procaccino (1912-1995), è più comune per definire gli appartenenti a questa categoria della sinistra.

York. Ripeterono più e più volte che solo gli operai avevano abbastanza vigore e abbastanza coscienza di classe per cercare di distruggere il sistema borghese.

Il centro dell'attività marxiana si spostò dalla Germania alla Francia. La maggior parte degli scritti marxiani sono in francese. Sorel lavorò in Francia. Al di fuori della Russia, vi sono più marxiani in Francia che in qualsiasi altro Paese, d'altronde c'è più discussione sul comunismo in Francia che in Russia. L'*École Normale Supérieure* di Parigi era un importante centro di insegnamenti marxiani. Lucien Herr (1864-1926), il bibliotecario, ebbe una grande influenza. Fu il padre del marxismo francese. Man mano che gli ex studenti dell'*École Normale Supérieure* diventavano sempre più importanti, la scuola diffondeva il marxismo in tutta la Francia.

In linea di massima, la stessa condizione è prevalsa nella maggior parte dei Paesi europei. Quando le università sembravano troppo restie ad accettare il marxismo, furono istituite scuole speciali per educare le nuove generazioni avendo alla base il socialismo ortodosso: questo fu l'obiettivo della *London School of Economics*, un'istituzione fabiana fondata dalla famiglia Webbs. Ma l'istituzione non poteva evitare di essere "invasa" da persone con altre idee. Ad esempio, Friedrich A. Hayek (1899-1992) insegnò per alcuni anni alla *London School of Economics*.

Questo si ripeté in tutti i Paesi – i Paesi europei avevano università statali. Le persone generalmente ignoravano il fatto che i marxiani, non i difensori del libero commercio, erano nominati dallo zar nelle università imperiali in Russia. Questi professori venivano chiamati marxiani legali, o meglio ancora, marxiani "leali". Quando i bolscevichi salirono al potere in Russia, non fu necessario licenziare i professori.

Marx non vedeva alcuna differenza tra le varie parti del mondo. Una delle sue dottrine era che il capitalismo è una tappa necessaria per lo sviluppo del socialismo. A questo proposito, c'erano alcune nazioni più arretrate di altre, ma il capitalismo stava distruggendo le barriere commerciali e le barriere migratorie che un tempo impedivano l'unificazione del mondo. Pertanto, le differenze nell'evoluzione dei vari Paesi per quanto riguarda la loro maturità verso il socialismo scompariranno.

Nel Manifesto comunista del 1848, Marx dichiarò che il capitalismo stava distruggendo tutte le peculiarità nazionali e unificando in un unico sistema economico tutti i Paesi del mondo. I bassi prezzi delle merci erano il mezzo che il capitalismo usava per distruggere il nazionalismo. Ma, nel 1848, il cittadino medio non sapeva nulla dell'Asia o dell'Africa. Marx era ancora meno informato dell'uomo d'affari medio inglese, che almeno sapeva qualcosa sui rapporti commerciali con la Cina e l'India. L'unica attenzione che Marx diede a questo problema fu un'osservazione, poi pubblicata da Vera Zasulich, secondo la quale sarebbe forse stato possibile per un Paese saltare la fase capitalista e passare direttamente al socialismo. Marx non vedeva alcuna distinzione tra le varie nazioni. Il capitalismo e il feudalesimo portano ovunque a un progressivo impoverimento. Ovunque ci saranno economie mature. E quando arriverà l'era del capitalismo maturo, tutto il mondo avrà raggiunto il socialismo.

A Marx mancava la capacità di imparare osservando gli eventi politici e la letteratura politica che veniva pubblicata intorno a lui. Per Marx non esisteva praticamente nulla oltre ai libri degli economisti classici – che trovava nella biblioteca del *British Museum* – e alle audizioni delle commissioni parlamentari britanniche. Non si rendeva conto nemmeno cosa accadesse nel suo stesso quartiere. Non vedeva che molte persone stavano combattendo non per gli interessi del proletariato, ma per i principi della nazionalità.

Marx ignorò completamente questo principio della nazionalità. Il principio della nazionalità determinava che ogni gruppo linguistico formasse uno Stato indipendente e che tutti i membri di tale gruppo fossero riconosciuti e unificati. Questo fu il principio che portò ai conflitti europei, che portò alla completa distruzione del sistema europeo e creò l'attuale situazione di caos in Europa. Il principio della nazionalità non tiene conto del fatto che esistono grandi territori in cui le popolazioni linguistiche sono miste. Di conseguenza, ci furono lotte tra i vari gruppi linguistici che alla fine portarono alla situazione che abbiamo oggi in Europa. Ci tengo a citarlo perché si tratta di un principio di governo fino ad ora sconosciuto.

Secondo questo principio di nazionalità, l'India non esiste come nazione ed è possibile che esso la frammenti in molti Stati indipendenti che si combattono l'uno contro l'altro. Il Parlamento indiano usa la lingua inglese. I membri dei vari Stati non possono comunicare tra loro se non utilizzando la lingua del governo, una lingua che hanno praticamente espulso dal loro Paese. Ma questa situazione non durerà per sempre.

Nel 1848, quando gli slavi d'Europa si riunirono per un Congresso Panslavista a Mosca, dovettero parlare tra loro in tedesco. Ma questo non impedì sviluppi successivi in una direzione diversa.

A Karl Marx ed Engels non piaceva il movimento nazionalista e non se n'erano mai resi conto. Non rientrava nei loro piani o schemi. Se, a causa dei commenti ostili di Marx ed Engels sui vari gruppi linguistici dell'Austria-Ungheria e dei Balcani, alcuni autori, soprattutto francesi, pensano che Marx sia stato un precursore del nazionalsocialismo – nazismo –, si sbagliano. Marx disse che ciò che effettivamente voleva era creare uno Stato mondiale. E questa era un'idea anche di Lenin.

Precisamente nel 1848 Marx aveva ipotizzato che il socialismo fosse proprio dietro l'angolo. Data questa premessa teorica, non vi era alcun motivo per pensare di formare uno Stato linguisticamente separato. Uno Stato del genere sarebbe stato per forza molto temporaneo. Marx supponeva semplicemente che l'età delle nazionalità sarebbe finita, e che fossimo alla vigilia di un'epoca in cui non ci sarebbero più state differenze tra i vari tipi, classi, nazioni, gruppi linguistici, ecc. Marx negava assolutamente qualsiasi differenza tra gli uomini. Gli uomini sarebbero stati tutti dello stesso tipo. Non vi è mai stata una risposta di Marx riguardo a quale lingua il popolo del suo unico Stato mondiale avrebbe parlato, o a quale sarebbe stata la nazionalità del rispettivo dittatore.

Marx si infuriava quando qualcuno diceva che vi erano differenze tra gli uomini all'interno della stessa nazione, della stessa città, dello stesso ramo di attività, così come tutti i marxisti si infuriarono quando qualcuno disse loro che vi erano differenze tra inglesi ed eschimesi. Secondo Marx, l'unica differenza era dovuta all'istruzione. Se un idiota e Dante fossero stati educati allo stesso modo, non ci sarebbe stata alcuna differenza tra loro. Quest'idea ha influenzato i seguaci di Marx, ed è ancora uno dei principi guida dell'educazione americana. Perché non sono tutti ugualmente intelligenti? Molti marxiani suppongono che nella futura società socialista la persona media sarà uguale per talenti, doni, intelligenza e conquiste artistiche ai più grandi uomini del passato, come Trotsky, Aristotele, Marx e Goethe, anche se ancora ci saranno persone più dotate.

A Marx non è mai venuto in mente che, nel migliore dei casi, l'educazione può trasferire all'alunno solo ciò che l'insegnante già conosce. Nel caso di Marx, non gli sarebbe bastato essere educato da perfetti insegnanti hegeliani in una scuola, perché allora tutto ciò che avrebbe prodotto sarebbe stato solo hegelismo. Educando le persone alla conoscenza della generazione che ha preceduto le automobili, non sarebbe stato possibile produrre automobili. L'educazione non può mai portare al progresso in quanto tale. Che alcune persone, grazie alla loro posizione, all'eredità, all'educazione e così via, abbiano il dono di andare un passo più lontano delle generazioni precedenti non può essere spiegato semplicemente con l'educazione.

Allo stesso modo, è impossibile spiegare le grandi cose e i grandi atti di alcuni uomini semplicemente riferendosi alla loro appartenenza nazionale. Il problema è: perché queste persone erano diverse dai loro fratelli e sorelle? Marx semplicemente suppose, senza alcun motivo, che ora viviamo nell'era dell'internazionalismo e che tutti i tratti nazionali scompariranno. Similmente a come aveva ipotizzato che la specializzazione sarebbe scomparsa, perché le macchine possono essere gestite da lavoratori non qualificati, ipotizzò che non ci sarebbero più state differenze tra le varie parti del mondo e le varie nazioni. Ogni tipo di conflitto tra le nazioni fu interpretato come la conseguenza delle macchinazioni della borghesia. Perché i francesi e i tedeschi combattono tra di loro? Perché hanno combattuto nel 1870? Perché le classi dirigenti della Prussia e le classi dirigenti della Francia volevano combattere. Ma questo non aveva nulla a che fare con gli interessi delle nazioni.

Per quanto riguarda il suo atteggiamento nei confronti della guerra, Marx fu ovviamente influenzato dall'idea dei liberali *laissez-faire* di Manchester. Usando il termine "liberalismo di Manchester" sempre come un insulto, si tende a dimenticare l'affermazione essenziale in quella famosa dichiarazione del Congresso di Manchester da cui il termine ebbe origine. Lì si affermò che nel mondo del libero scambio non ci sarebbero più stati motivi per le lotte tra le nazioni. Se vi è il libero commercio e ogni nazione può godere dei prodotti di ogni altra nazione, la causa più importante della guerra scompare. I prìncipi sono interessati ad aumentare la dimensione territoriale della loro provincia per ottenere maggiori entrate e potere, ma le nazioni, in quanto tali, non si interessano a ciò, perché tale espansione non fa alcuna differenza in un sistema basato sul libero commercio. E, in assenza di barriere all'immigrazione, non importa al singolo cittadino se il suo Paese è grande o piccolo. Dunque, secondo i liberali di Manchester, la guerra sarebbe scomparsa sotto un governo democratico popolare; e il popolo non sarebbe stato a favore della guerra poiché non avrebbe avuto nulla da guadagnarci – avrebbe solo potuto finanziare la guerra e morire per sua causa.

Fu questa l'idea che venne in mente al presidente Woodrow Wilson (1856-1924) quando andò in guerra contro la Germania. Ciò che il presidente Wilson non vedeva è che tutto questo ragionamento sull'inutilità della guerra è vero solo in un mondo in cui vi è il libero scambio tra le nazioni. Non è vero in un mondo basato sull'interventismo.

Sir Norman Angell (1872-1967) argomenta ancora allo stesso modo. Cosa guadagnarono i singoli tedeschi nel 1870? Questo era quasi vero allora, perché il commercio era relativamente libero. Ma oggi la situazione è diversa.

La propria politica italiana rese impossibile agli italiani – nel mondo dell'interventismo – ottenere le materie prime di cui avevano bisogno. Non è vero che nel mondo interventista di oggi i singoli individui non possono guadagnare qualcosa dalla guerra.

La Società delle Nazioni è uno dei grandi fallimenti della Storia del mondo – e vi sono stati molti fallimenti nella Storia del mondo. Durante i primi 20 anni di esistenza della Società, le barriere commerciali si intensificarono sempre di più. I dazi diventarono irrilevanti come barriere commerciali perché, alla fine, furono stabiliti degli embarghi.

Dato che i liberali dissero che le guerre non sarebbero state più economicamente vantaggiose perché il popolo non ne avrebbe tratto alcun vantaggio, una nazione democratica non avrebbe avuto più alcuna intenzione di combatterle. Marx pensava che questo fosse vero anche nel mondo interventista che si stava sviluppando sotto i suoi occhi. Questo fu uno degli errori fondamentali del marxismo.

Marx non era un pacifista, non diceva che la guerra era un male. Egli diceva soltanto – perché lo dicevano i liberali – che la guerra tra le nazioni non aveva alcuna importanza o significato. Diceva che la guerra – *i.e.*, la rivoluzione, che egli intendeva come guerra civile – era necessaria. Nemmeno Friedrich Engels era un pacifista; studiava scienze militari giorno dopo giorno per prepararsi alla posizione che si era assegnato come Comandante in capo di tutte le nazioni, come Comandante in capo per i proletari di tutti i Paesi uniti. Ricordiamoci che partecipava alla caccia alla volpe indossando un mantello rosso, e che diceva a Marx che questo era il miglior esercizio per un futuro generale.

A causa di questa idea di rivoluzione – guerra civile, non internazionale – l'Internazionale Marxiana iniziò a discutere di pace. Nel 1864 Marx fondò a Londra la Prima Internazionale. Un gruppo di persone che avevano poco a che fare con il popolo e le masse si riuniva. Vi era un segretario per ogni Paese. Il segretario per l'Italia era Friedrich Engels e molti degli altri Paesi erano rappresentati da persone che conoscevano i Paesi che rappresentavano soltanto come turisti. Le accese discussioni tra i membri sconvolsero l'intera Internazionale. Alla fine, questa fu trasferita negli Stati Uniti e poi cadde a pezzi nel 1876.

La Seconda Internazionale fu costituita a Parigi nel 1869. Ma questa Seconda Internazionale non sapeva quali tematiche affrontare. I sindacati erano sorti e si opponevano al libero commercio e alla libera migrazione. In queste condizioni, come sarebbe possibile trovare argomenti da discutere in un congresso internazionale? Decisero poi di discutere di pace e di guerra, ma solo a livello nazionale, dichiarando che erano tutti proletari e che non avrebbero mai combattuto le guerre della borghesia. Tra i tedeschi vi erano anche Engels e Karl Kautsky.

Alcuni "cattivi" francesi del gruppo chiesero: «Cosa intende quando dice che non possiamo difendere il nostro Paese? Non ci piacciono gli Hohenzollerns». I francesi in quel momento si accordarono con i russi e ai tedeschi non piacque. Ogni pochi anni vi era un congresso internazionale di questo tipo e ogni volta i giornali dicevano che annunciava la fine della guerra. Ma questi "simpatici ragazzi" non discutevano le vere cause degli attriti, delle barriere migratorie, ecc. Lo scoppio della Prima guerra mondiale mise fine ai Congressi dell'Internazionale.

Ciò che Marx aveva in mente era una rivoluzione. Intanto, ciò che realmente accadde fu la creazione di un'organizzazione burocratica nei Paesi europei, un'organizzazione sostanzialmente innocua, perché non aveva il potere di eseguire le sue teorie. Successivamente si sviluppò in Oriente un'organizzazione comunista che purtroppo aveva il potere di giustiziare le persone e di minacciare l'intero pianeta. E tutto ciò ebbe inizio nella *Reading Room* del *British Museum* di Londra da un uomo, che non era per niente un uomo d'azione, ma che era in grado di portare avanti azioni violente. Furono i timidi personaggi borghesi, Karl Marx e Georges Sorel, a creare tutta questa malizia. La maggior parte delle idee violente dei nostri tempi nacquero da uomini che non avrebbero potuto resistere a nessuna aggressione.

Wilson accettò la dottrina dei liberali di Manchester, ossia che alle democrazie non piace combattere le guerre; le democrazie combattono solo guerre di difesa perché il singolo cittadino non può aspettarsi alcun miglioramento delle sue condizioni di vita in ragione della guerra, nemmeno se il suo Paese è vittorioso. Ma Wilson non capiva che ciò era vero solo in un mondo di libero scambio. Non vedeva che la situazione era ben diversa già nell'epoca in cui viveva, che era un'epoca di interventismo. Non si rendeva conto che un enorme cambiamento nelle politiche economiche aveva reso questa teoria dei liberali di Manchester completamente impraticabile. Le barriere commerciali erano relativamente "innocenti" nel 1914, ma erano molto peggiorate durante gli anni della Società delle Nazioni. Mentre i difensori del libero commercio si incontravano con la Società a Ginevra e parlavano di ridurre le barriere commerciali, le altre persone in patria le aumentavano. Nel 1933, ci fu un incontro a Londra per stimolare la cooperazione tra le nazioni. E proprio in questo momento il Paese più ricco, gli Stati Uniti, decise di annullare il tutto con regolazioni monetarie e finanziarie, dopo di che l'intero apparato diventò assolutamente inutile.

La teoria dei vantaggi comparati di Ricardo afferma che è vantaggioso per una nazione sostenere una politica commerciale basata sul libero scambio anche se tutte le altre nazioni si aggrappano alle loro barriere commerciali. Se solo gli Stati Uniti adottassero oggi il libero scambio ci sarebbero alcuni cambiamenti, ma se tutti gli altri Paesi si aggrappassero al protezionismo con barriere all'importazione, non sarebbe possibile per gli Stati Uniti acquistare più merci da altri paesi.

Vi sono isolazionisti non solo in questo Paese, ma anche in altri. Le importazioni devono essere pagate dalle esportazioni e le esportazioni non hanno altro scopo se non quello di pagare le importazioni. Dunque, l'instaurazione del libero scambio solo da parte della nazione più ricca e potente non cambierebbe la situazione per gli italiani, ad esempio, se questi mantenessero le loro barriere commerciali. Non farebbe alcuna differenza nemmeno per gli altri Paesi. Il libero scambio è vantaggioso per qualsiasi Paese, anche se tutti gli altri non lo applicano; il problema, però, consiste nel rimuovere le barriere commerciali imposte da questi.

Il termine "socialismo", quando fu introdotto a partire dal 1835, aveva esattamente lo stesso significato di "comunismo" – includendo, ad esempio, la nazionalizzazione dei mezzi di produzione. "Comunismo" era il termine più popolare all'inizio. Lentamente il termine "comunismo" cadde nell'oblio e il termine "socialismo" diventò quello più utilizzato, quasi esclusivamente.

Si formarono i partiti socialisti e i partiti socialdemocratici, e il loro dogma fondamentale era il *Manifesto co-*

munista. Nel 1918, Lenin aveva bisogno di un nuovo termine per distinguere il suo gruppo di socialisti da quei gruppi che definiva "traditori sociali". Così egli diede al termine "comunismo" un nuovo significato: lo usò per riferirsi non all'obiettivo finale del socialismo e del comunismo, ma solo ai mezzi tattici per raggiungerli.

Fino a Stalin, "comunista" significava semplicemente un metodo migliore – il metodo rivoluzionario – e veniva usato in contrapposizione al metodo pacifico, il metodo socialista – quello dei "traditori socialisti". Alla fine degli anni Venti, senza grande successo, Stalin nella Terza Internazionale cercò di dare un significato diverso al termine "comunismo". Tuttavia, la Russia è ancora chiamata Unione delle Repubbliche Socialiste Sovietiche (URSS).

In una lettera, Karl Marx fece distinzione tra due fasi del socialismo: la fase preliminare inferiore e la fase superiore. Ma Marx non diede nomi diversi a queste due fasi. Nella fase superiore, diceva, ci sarà una tale abbondanza di tutto che sarà possibile stabilire il principio "a tutti secondo le proprie esigenze". Dato che i critici stranieri notarono differenze negli standard di vita dei vari membri dei *soviet* russi, Stalin fece una distinzione. Alla fine degli anni Venti dichiarò che lo stadio inferiore era il "socialismo" e quello superiore il "comunismo". La differenza era che nella fase inferiore socialista vi era disuguaglianza nelle razioni dei vari membri dei *soviet* russi; l'uguaglianza sarebbe stata raggiunta solo nella fase successiva, nella fase comunista.

MARXISMO E MANIPOLAZIONE DELL'UOMO

È sconvolgente che una filosofia come il marxismo, che attacca l'intero sistema sociale, sia rimasta per molti decenni più o meno indiscussa e incontestata. Karl Marx non era molto conosciuto in vita e i suoi scritti rimasero praticamente sconosciuti alla maggior parte dei suoi contemporanei. I grandi socialisti della sua epoca erano altri uomini, ad esempio Ferdinand Lassalle. Le agitazioni di Lassalle durarono solo un anno perché fu ucciso in duello a causa di un affare privato, ma era considerato un grande uomo del suo periodo. Marx, invece, era più o meno sconosciuto. La gente non approvava, né criticava, i suoi insegnamenti. Morì nel 1883. Dopo la sua morte, apparve la prima parte della critica di Böhm-Bawerk alle dottrine economiche di Karl Marx[21]. E più tardi, negli anni Novanta del XIX secolo, quando fu pubblicato l'ultimo volume di *Das Kapital*, apparve la seconda parte di questa critica, che uccise completamente le dottrine eco-

---

[21] Eugen von Böhm-Bawerk, "The Exploitation Theory" in Capital and Interest, Vol. 1, History and Critique of Interest Theories (South Holland, Ill: Libertarian Press, 1959 [1884]), pp. 241–321

nomiche di Marx[22]. I marxiani più ortodossi cercarono di far rivivere e riaffermare le sue dottrine. Ma non vi era praticamente nessuna critica sensata alle dottrine filosofiche di Karl Marx.

Le dottrine filosofiche di Marx sono diventate popolari quando le persone hanno acquisito familiarità con alcuni dei suoi termini, slogan e così via, anche se li hanno usati in modo diverso rispetto a come venivano impiegati nel sistema di Karl Marx. Una semplificazione del genere è frequente in molte dottrine. Ad esempio, il darwinismo è diventato noto come la teoria basata sull'idea che l'uomo è il nipote di una scimmia. Ciò che rimane di Nietzsche non è molto di più del suo termine "superuomo", che in seguito ha acquisito popolarità negli Stati Uniti senza alcun legame con Nietzsche. Per quanto riguarda Marx, le persone conoscono i suoi termini, ma li usano in modo molto disinvolto. Tuttavia, in linee generali, le idee marxiane hanno poca o nessuna opposizione.

Una delle ragioni per cui la dottrina di Marx è diventata così diluita nella mente del pubblico era il modo in cui Engels impiegava per spiegarla. Basta vedere la sua dichiarazione alla tomba di Marx: «Marx scoprì la legge dell'evoluzione storica dell'umanità, ovvero il semplice fatto, fino a quel momento nascosto sotto molteplici strati ideologici, che gli uomini devono prima di tutto man-

---

[22] Eugen von Böhm-Bawerk„"The Unresolved Contradiction in the Economic Marxian System" in Shorter Classics of Eugen von Böhm-Bawerk, (South Holland, Ill.: Libertarian Press, 1962 [1896; Eng.Trans. 1898]), pp. 201–302

giare, bere, avere un riparo e vestirsi prima di poter perseguire la politica, la scienza, l'arte, la religione e simili»[23]. Eppure, nessuno l'aveva mai negato. Ma attualmente, se qualcuno dice qualcosa contro la dottrina marxiana, gli viene subito chiesto: «Come si può essere così stupidi da negare che si debba mangiare prima di diventare filosofi?»

Nuovamente si fa presente la teoria delle forze produttive materiali, ma non viene offerta alcuna spiegazione per la loro formazione. Il materialismo dialettico afferma che le forze produttive materiali vengono al mondo – non si sa come vengano, né da dove vengano – e sono queste forze produttive materiali che creano tutto il resto, ad esempio, la sovrastruttura.

Le persone a volte credono che ci sia stato un conflitto molto forte tra le varie chiese e il marxismo, e considerano il marxismo e il socialismo incompatibili con gli insegnamenti di tutte e sette le chiese cristiane. Le prime sette comuniste e le prime comunità monastiche si basavano su una particolare interpretazione della Bibbia, in generale, e del libro degli Atti, in particolare. Non sappiamo molto di queste prime sette comuniste, ma esistevano nel Medioevo e nei primi anni della Riforma. Tutte queste sette erano in conflitto con le dottrine consolidate delle loro chiese o denominazioni. Dunque, sarebbe assolutamente sbagliato rendere la chiesa cristiana responsabile

---

[23] Friedrich Engels, "Speech at the Grave of Karl Marx," Highgate Cemetery, London. March 17, 1883 (a version of this eulogy was published in the newspaper La Justice, March 20, 1883)

della loro esistenza. Ne parlo soltanto per dimostrare che, almeno nella mente di alcuni gruppi, la maggior parte dei quali la chiesa ha considerato eretici, non vi è un conflitto assoluto tra il socialismo e gli insegnamenti della chiesa. Le tendenze anticristiane dei precursori socialisti di Karl Marx, dello stesso Karl Marx e più tardi dei suoi seguaci, i marxiani, devono prima di tutto essere comprese all'interno dell'intero quadro che ha dato origine al socialismo moderno.

Gli Stati, i governi, i partiti conservatori, non sempre si sono opposti al socialismo. Al contrario, i funzionari di uno Stato hanno una tendenza o un *bias* a favore dell'espansione del potere statale; si potrebbe addirittura dire che esiste una "malattia professionale" da parte dei funzionari statali che li rende sempre più favorevoli ad attività governative. È stato proprio questo fatto, questa propensione dei governi a adottare il socialismo – e molti governi hanno davvero adottato il socialismo – che ha portato il marxismo in conflitto con i vari governi.

Ho sottolineato che la cosa peggiore che possa accadere a un socialista è che il suo Paese sia governato da socialisti che non sono suoi amici, come è successo nel caso di Karl Marx e del governo prussiano. Il governo prussiano non era contrario al socialismo. Ferdinand Lassalle attaccò i partiti liberali della Prussia, che in quel momento stavano combattendo una grande battaglia costituzionale contro i re Hohenzollern, guidati da Bismarck. La maggioranza della Prussia a quel tempo era contro il governo e questo non riusciva a ottenere la maggioranza nel Parlamento. All'epoca il governo prussiano non era molto forte: il re e il primo ministro governavano il Paese senza il consenso e la collaborazione del Parlamento. Era questa la situazione all'inizio degli anni Sessanta del XIX secolo. A dimostrazione della debolezza del governo prussiano, Bismarck, nelle sue *Memoirs*, riportava un colloquio con il Re. Bismarck disse che avrebbe sconfitto il Parlamento e i liberali. Il Re rispose: «Sì, so come andrà a finire. Qui, nella piazza davanti al palazzo. Prima giustizieranno te e poi giustizieranno me».

La regina Vittoria (1819-1901), la cui figlia maggiore (Vittoria, 1840-1901) aveva sposato il principe reale di Prussia, non era molto contenta di questi sviluppi. Era convinta che gli Hohenzollerns sarebbero stati sconfitti. In questo momento critico Ferdinand Lassalle, che era a capo di un movimento operaio allora ancora molto modesto, molto piccolo, venne in aiuto del governo degli Hohenzollern. Lassalle ebbe incontri con Bismarck e "pianificarono" il socialismo. Introdussero aiuti di Stato, cooperative di produzione, nazionalizzazioni e il suffragio maschile generale. In seguito, Bismarck intraprese davvero un programma di legislazione sociale. Il più grande rivale dei marxiani era il governo prussiano, e combatterono con ogni mossa a disposizione.

Ora è importante capire che in Prussia la Chiesa prussiana, la Chiesa protestante, era semplicemente un dipartimento del governo, amministrato da un membro del gabinetto – il ministro dell'Istruzione e degli Affari culturali. Uno dei consiglieri dei livelli inferiori dell'amministrazione si occupava dei problemi della chiesa. La chiesa, in questo senso, era una chiesa di Stato; era addirittura una chiesa di Stato nella sua origine. Fino al 1817, in Prussia, vi erano i luterani e i calvinisti, ma agli Hohenzollerns non piaceva questo stato delle cose. I luterani erano in maggioranza nei vecchi territori prussiani, ma nei territori di recente acquisizione vi erano entrambi i gruppi. Nonostante la maggioranza del popolo prussiano fosse luterana, l'elettorato di Brandeburgo era cambiato da maggioranza luterana a calvinista. Gli Hohenzollerns, che erano i capi della Chiesa luterana nel loro Paese, erano calvinisti. Successivamente, nel 1817, sotto Federico Guglielmo III di Prussia, le due chiese furono fuse per formare la Chiesa dell'Unione Prussiana. La Chiesa era un ramo del governo del Paese.

Dal XVII secolo in Russia, la chiesa era semplicemente un dipartimento del governo. La chiesa non era indipendente. La dipendenza della chiesa dal potere secolare era una delle caratteristiche della Chiesa orientale a Costantinopoli. Il capo dell'Impero d'Oriente era infatti il superiore del Patriarca. Questo stesso sistema fu in qualche misura portato in Russia, ma, dato che lì la chiesa era parte del governo, chi attaccava la chiesa stava attaccando anche il governo.

Il terzo Paese in cui tale problema risultava molto critico era l'Italia, dove l'unificazione nazionalista aveva avuto come conseguenza l'abolizione del governo secolare del Papa. Fino alla seconda metà dell'Ottocento la parte centrale dell'Italia era governata dal Papa in modo indipendente. Nel 1860 il re di Sardegna Vittorio Emmanuele II (1820-1878) conquistò questi stati e il papa Pio IX (1792-1878) mantenne solo Roma – sotto la protezione di un distaccamento dell'esercito francese fino al 1870, quando i francesi dovettero ritirarsi per combattere la Prussia. Ci fu quindi una contesa molto violenta tra la

Chiesa cattolica e lo Stato laico italiano. La lotta della Chiesa contro le idee dei marxiani nell'ambito della religione è qualcosa di diverso dalla loro lotta contro il programma socialista. Oggi tale questione si è complicata ancora di più, dato che la Chiesa russa, la Chiesa ortodossa orientale, ha trovato, a quanto pare, un qualche accordo con i bolscevichi. La lotta in Oriente è in gran parte una lotta tra la Chiesa orientale e la Chiesa occidentale: una continuazione della lotta che ebbe origine più di mille anni fa. Pertanto, i conflitti in questi Paesi, tra la Russia e i confini occidentali della cortina di ferro, sono molto complicati. Non è solo una lotta per la libertà economica contro i metodi economici totalitari, è anche una lotta di svariate nazionalità, di diversi gruppi linguistici. Basti pensare, ad esempio, ai tentativi dell'attuale governo russo di trasformare le varie nazionalità baltiche in russi – la continuazione di qualcosa che era stato iniziato dagli zar – e alla lotta in Polonia, Cecoslovacchia, Ungheria, ecc., contro i tentativi della Chiesa russa di riportarle, come si dice, al Credo orientale. Per comprendere tutti questi conflitti occorre una speciale familiarità con queste nazionalità e con le storie religiose di queste parti del mondo.

Nel XVI e XVII secoli ci furono cambiamenti che ampliarono le dimensioni del territorio in cui venne riconosciuta la supremazia del Papa. Dunque, esisteva una Chiesa russa, la Chiesa ortodossa, e una Chiesa cattolica ucraina o russa che riconobbe la supremazia del Papa. Questo insieme di cose costituiva le grandi lotte religiose dell'Oriente. Tuttavia, non si possono confondere gli eventi che integrano queste lotte nazionalistiche e religiose con la lotta contro il comunismo. Ad esempio, i politici che oggi combattono contro i russi non sono sempre, o almeno non nella maggior parte dei casi, combattenti a favore di un sistema economico libero. Sono marxiani, socialisti, e probabilmente piacerebbe a loro avere uno stato di polizia totalitario, a condizione che non sia controllato dai russi.

Da questo punto di vista, non si può dire che ci sia una vera opposizione agli insegnamenti sociali e ai programmi sociali del marxismo. D'altra parte, è importante rendersi conto che non sempre esiste una connessione tra anti-marxismo, filosofia ideologica e libertà economica.

Uno degli eminenti contemporanei di Karl Marx in Germania fu un filosofo, Friedrich Albert Lange (1828-1875). Egli scrisse un famoso libro, *Geschichte des Materialismus und Kritik seiner Bedeutung in der Gegenwart* (in italiano, Storia del materialismo e critica del suo significato nel presente), considerato per molti anni, non solo in Germania ma anche nei Paesi anglofoni, una delle migliori introduzioni alla filosofia. Lange era un socialista e scrisse un altro libro sul socialismo. In tale libro egli non criticò Marx, bensì il materialismo. Il materialismo marxiano è un materialismo molto imperfetto, perché fa risalire tutti i cambiamenti a qualcosa che è già, di per sé, il prodotto della mente umana.

È importante sottolineare il fatto che le critiche al marxismo erano a volte molto sbagliate. Voglio citare solo un esempio tipico: la propensione abituale degli anti-marxiani a considerare il materialismo dialettico e il marxismo come appartenenti allo stesso gruppo di idee della psicoanalisi freudiana. Non sono uno psicologo, ma devo solo far notare quanto siano confuse queste persone che credono che il materialismo, in generale, e il materialismo marxiano, in particolare, abbiano una qualche connessione con la psicoanalisi freudiana.

Prima che Sigmund Freud (1856-1939) e Josef Breuer (1842-1925) iniziassero tutto un nuovo metodo di pensare e cominciassero a sviluppare le loro dottrine, era generalmente un fatto incontestato tra tutti i medici che le disabilità mentali fossero causate da cambiamenti patologici nel corpo umano. Se un uomo avesse avuto una malattia nervosa o mentale, i medici avrebbero cercato un qualche fattore corporeo che portasse a tale stato delle cose. Dal punto di vista del medico che si occupa del corpo umano questa è l'unica interpretazione possibile. Eppure, a volte avevano assolutamente ragione quando dicevano: «Non ne conosciamo la causa». Il loro unico metodo era quello di cercare una causa fisica. Tra i tanti esempi che si potrebbero fare, ne voglio citare solo uno. Accadde nel 1889, pochi anni prima della pubblicazione del primo libro di Freud e Breuer. Un uomo eminente in Francia si suicidò. Per motivi politici e per la sua religione, si poneva la questione se fosse sano di mente o meno. La sua famiglia sosteneva che si trattasse di una malattia mentale e, per dimostrarlo davanti alla Chiesa, dovette ricercarne una causa fisica. Vi fu un'autopsia eseguita da illustri medici e il loro rapporto fu pubblicato: «Scopriamo certe cose nel cervello, e vi è qualcosa che non è regolare», dissero. In quel tempo, le persone pensavano che se un uomo non si comportava come gli altri e non aveva alcun segno fisico di anormalità del corpo, doveva necessariamente essere un mascalzone. Il più delle volte è un vero peccato, perché si può scoprire se un individuo è effettivamente un mascalzone solo dopo la sua morte. A questo proposito, la psicoanalisi apportò un grande cambiamento. Il caso del principe ereditario Rodolfo d'Austria (1858-1889), che si suicidò a Mayerling, sollevò questioni simili[24].

Il famoso primo caso fu quello di una donna paralizzata. Ciononostante, non si poté scoprire nulla nel suo corpo per spiegare tale sua situazione. Il caso fu scritto da un uomo che seguì il consiglio di un poeta latino: aspetta nove anni con il tuo manoscritto prima di pubblicarlo. Breuer si convinse dell'idea che l'origine di questa deficienza corporea non fosse fisica, bensì mentale. Questo fu un cambiamento radicale nel campo delle scienze naturali; una cosa del genere non era mai successa prima – la scoperta che fattori mentali, idee, superstizioni, miti, idee sbagliate, ciò che un individuo pensa, quello in cui crede, possano portare a cambiamenti nel corpo. Questo è qualcosa che tutte le scienze naturali avevano negato e contestato prima.

Freud era un uomo molto coscienzioso e cauto. Non diceva «io ho completamente screditato le vecchie dottrine», bensì «forse un giorno, dopo molto tempo, i medici patologici scopriranno che le idee sono già il prodot-

---

[24] Carl Menger, fondatore della Scuola Austriaca di Economia fu uno dei *tutor* di Rodolfo. Vedere Erich W. Streissler e Monika Streissler, eds., Carl Menger's Lectures to Crown Prince Rudolf of Austria (Brookfield, Vt.: Edward Elgar, 1994).

to di qualche fattore fisico esterno del corpo. Allora la psicoanalisi non sarà più necessaria o utile. Ma per il momento bisogna almeno ammettere che vi è un valore temporaneo nella nostra scoperta, di Breuer e mia, e che, dal punto di vista della scienza attuale, non vi è nulla che confermi la tesi materialista secondo cui ogni idea o ogni pensiero è il prodotto di qualche fattore esterno, così come l'urina è un prodotto del corpo».

La psicoanalisi è l'opposto del materialismo, è l'unico contributo al problema del materialismo in confronto all'idealismo nato grazie alla ricerca empirica sul corpo umano.

Dobbiamo affrontare il modo in cui alcuni individui abusano della psicoanalisi. Personalmente, non difendo gli psicoanalisti che cercano di spiegare tutto dal punto di vista di certe pulsioni, tra le quali la pulsione sessuale è considerata la più importante. Vi era un libro di un francese che discuteva Baudelaire (Charles Baudelaire, 1821-1867). Baudelaire amava spendere soldi, ma non ne guadagnava giacché gli editori non compravano le sue poesie in vita. Tuttavia, sua madre aveva del capitale: si era sposata, il marito era deceduto e le aveva lasciato l'eredità. Baudelaire scrisse alla madre numerosissime lettere, e questo scrittore trovò ogni sorta di spiegazione subconscia a tali missive. Non difendo questo tipo di ragionamento. Il suo scrivere lettere non ha bisogno di ulteriori spiegazioni se non che Baudelaire voleva dei soldi.

Freud diceva di non sapere nulla del socialismo. A questo proposito era molto diverso da Albert Einstein

(1879-1955), che disse: «Non capisco niente di economia, ma il socialismo è molto buono».

Se vogliamo capire come il marxismo sia diventato la filosofia guida della nostra era, dobbiamo per forza menzionare il positivismo e la scuola di Auguste Comte. Comte era un socialista simile a Karl Marx. In gioventù, Auguste Comte fu segretario di Saint-Simon. Saint-Simon era un totalitario che voleva governare il mondo intero per mezzo di un consiglio mondiale e, ovviamente, credeva che sarebbe stato il presidente di questo consiglio. Secondo l'idea di Comte della storia del mondo, era necessario cercare la verità nel passato. «Ma ora, io, August Comte, ho scoperto la verità. Pertanto, non vi è più bisogno di libertà di pensiero o di libertà di stampa. Voglio governare e organizzare tutto il Paese».

È molto interessante risalire all'origine di certi termini che oggi sono talmente familiari che si suppone siano presenti nella lingua da tempo immemore. In francese, le parole "organizzare" e "organizzatore" erano sconosciute prima della fine del XVIII secolo o dell'inizio del XIX secolo. Per quanto riguarda il termine "organizzare", Honoré de Balzac (1799-1850) osservò, «[questo] è un nuovissimo termine napoleonico. Vuol dire che solo tu sei il dittatore e che ti occupi dell'individuo come il costruttore lavora con le pietre».

Un altro nuovo termine, "ingegneria sociale", ha a che vedere con la struttura sociale. L'ingegnere sociale si occupa della struttura sociale o dei suoi simili esattamente come il capomastro si occupa dei suoi mattoni. Ragionando in questo modo, i bolscevichi eliminano gli individui che sono inutili. Nel termine "ingegneria sociale" è presente l'idea di pianificazione, l'idea di socialismo. Oggi abbiamo molti nomi per il socialismo. Se una cosa diventa popolare, allora il linguaggio conia molte espressioni per descriverla. Questi pianificatori, per difendere le loro idee, dicono che bisogna pianificare le cose; non si può lasciare che le cose agiscano "automaticamente".

A volte la parola "automaticamente" viene usata in senso metaforico per descrivere gli eventi del mercato. Se l'offerta di un prodotto scende, allora si dice che i prezzi salgono "automaticamente"; ma questo non significa che ciò avvenga senza la coscienza umana, senza che alcune persone facciano offerte e acquisti. I prezzi salgono proprio perché gli individui vogliono acquistare queste cose. Nulla nel sistema economico avviene "automaticamente", tutto accade perché alcune persone si comportano in un determinato modo.

I pianificatori spesso affermano: «Come si può essere così stupidi da sostenere l'assenza di pianificazione?». Ma in realtà nessuno sostiene l'assenza di un piano. La domanda non è «Piano o assenza di piano?». La domanda è «Piano di chi? Il piano di un singolo dittatore? O i piani di innumerevoli individui?» Tutte le persone pianificano. L'individuo pianifica di andare a lavoro, di andare a casa, di leggere un libro, di fare mille di altre cose. Un "grande" piano elimina i piani di tutti gli altri individui, e allora un solo piano può regnare supremo. Se il "grande" piano e i piani degli individui entrano in conflitto, di chi è il piano che prevarrà? Chi decide? La polizia decide! E decidono a favore del "grande" piano.

Nei primi tempi del socialismo, alcuni critici accusavano i socialisti di ignorare la natura umana. Un uomo che deve eseguire soltanto il piano di qualcun altro non sarebbe più un uomo, o almeno non uno che potremmo definire umano. A questa obiezione risposero i socialisti, che dissero: «Se la natura umana è contro il socialismo, allora la natura umana dovrà essere modificata». Karl Kautsky lo disse molti anni prima, ma non fornì alcun dettaglio.

I dettagli furono forniti dal comportamentismo (o psicologia comportamentale) e da Ivan Pavlov (1849-1936), lo psicologo menzionato in ogni libro scritto da un marxista. La spiegazione fu offerta dal riflesso condizionato di Pavlov. Pavlov era uno zarista, faceva i suoi esperimenti ai tempi dello zar. Al posto dei diritti umani, il cane di Pavlov aveva diritti canini. Questo è il futuro dell'istruzione.

La filosofia comportamentale vuole trattare gli individui umani come se non ci fossero idee o difetti negli uomini. Il comportamentismo considera ogni azione umana come una reazione a uno stimolo. Tutto nella natura fisica e fisiologica risponde a certi riflessi. Dicono: «L'uomo appartiene allo stesso regno degli animali. Perché dovrebbe essere diverso? Vi sono certi riflessi e certi istinti che guidano l'uomo verso certi fini. Certi stimoli portano a certe reazioni». Quello che i comportamentisti e i marxisti non hanno capito è che non si può nemmeno provare a screditare una tale teoria degli stimoli senza entrare nel significato che l'individuo attribuisce a tali stimoli. La casalinga, quando ricerca il prezzo di un oggetto che sta pensando di acquistare, reagisce in modo diverso a \$5 rispetto a \$6. Non si può determinare lo stimolo senza entrare nel significato. E il significato stesso è un'idea.

L'approccio dei comportamentisti sostiene che: «Noi condizioneremo le altre persone». Ma chi fa parte del "noi"? E chi sono le "altre persone"? «Oggi», dicono, «le persone sono condizionate al capitalismo da molte cose, dalla storia, dalle persone buone, dalle persone cattive, dalla chiesa, etc.»

Questa filosofia non ci offre altra risposta oltre a quella che abbiamo già visto. L'idea di questa filosofia è che dobbiamo accettare ciò che Karl Marx ci ha detto perché aveva il grande dono: a Marx è stata affidata, dalla Provvidenza, dalle forze produttive materiali, la scoperta della legge dell'evoluzione storica. Egli conosce il fine verso il quale la Storia conduce l'umanità. Questo ci porta infine al punto in cui dobbiamo accettare l'idea secondo la quale il partito, il gruppo, la fazione esclusiva che ha sconfitto gli altri con la forza delle armi, è il giusto padrone che è chiamato dalle forze produttive materiali a "condizionare" tutti gli altri.

La cosa fantastica è che la scuola che sviluppa questa filosofia si definisce "liberale" e chiama il suo sistema "democrazia popolare", "democrazia reale", e così via. È anche fantastico che il vicepresidente degli Stati Uniti (Henry Wallace, 1888-1965) un giorno abbia dichiarato: «Noi negli Stati Uniti abbiamo solo una democrazia dei diritti civili – ma in Russia vi è la democrazia economica».

Vi era un autore socialista, molto apprezzato dai bolscevichi all'inizio, che diceva che l'uomo più potente del mondo è l'uomo riguardo al quale si dicono e si credono le più grandi bugie. (Qualcosa di simile è stato detto da Adolf Hitler.) Ecco il potere di questa filosofia. I russi hanno il potere di affermare: «Siamo una democrazia e il nostro popolo è felice e gode di una vita soddisfacente nel nostro sistema». E le altre nazioni sembrano incapaci di trovare la giusta risposta a questa idea. Se l'avessero trovata, tale filosofia non sarebbe così popolare.

Vi sono persone che vivono qui negli Stati Uniti, che godono del tenore di vita americano, e che comunque pensano di essere infelici perché non vivono nella Russia sovietica dove, dicono, vi è una società senza classi e tutto è migliore di qui. Ma, a dire il vero, sembra che non sia poi molto divertente vivere in Russia, non solo dal punto di vista materiale, ma anche dal punto di vista della libertà individuale. Se ci chiedono: «Com'è possibile che le persone dicano che tutto è meraviglioso in un Paese, la Russia, in cui tutto probabilmente non è per niente meraviglioso», allora dobbiamo rispondere: «Perché le nostre ultime tre generazioni non sono riuscite a dimostrare in maniera eloquente le contraddizioni e i fallimenti di questa filosofia del materialismo dialettico».

La più grande filosofia del mondo di oggi è quella del materialismo dialettico – l'idea secondo la quale veniamo trascinati ineluttabilmente verso il socialismo. I libri che sono stati scritti finora non sono riusciti a confutare questa tesi. Bisogna scrivere nuovi libri, bisogna pensare a questi problemi. Sono le idee che distinguono gli uomini dagli animali. Questa è la qualità che rende umano l'uomo. Ma secondo l'idea dei socialisti l'opportunità stessa di avere idee dovrebbe essere riservata esclusivamente al Politburo; tutte le altre persone dovrebbero fare solo quello che il Politburo dice loro di fare.

È impossibile sconfiggere una filosofia senza combattere in campo filosofico. Una delle grandi mancanze del pensiero americano – e l'America è il Paese più importante del mondo perché sarà qui, non a Mosca, che questa problematica questione verrà decisa – è che le persone pensano che tutte queste filosofie e tutto ciò che si trova scritto nei libri sia di minore importanza. Per questo sottovalutano l'importanza e il potere delle idee, eppure non vi è niente di più importante delle idee nel mondo. Le idee e nient'altro determineranno l'esito di questa grande lotta. È un grande errore credere che l'esito della battaglia verrà determinato da altro.

I marxisti russi, come tutti gli altri marxisti, ebbero l'idea di nazionalizzare l'agricoltura. Voglio dire, i teorici lo volevano fare – il singolo lavoratore non voleva nazionalizzare le fattorie, bensì prendere le grandi fattorie, dividerle e distribuire la terra tra i piccoli contadini. Questo procedimento venne chiamato "riforma agraria". I rivoluzionari sociali volevano distribuire le fattorie ai contadini poveri. Nel 1917, Lenin coniò un nuovo slogan: "Tu fai la rivoluzione con lo *slogan* del giorno". E perciò accettarono qualcosa che era contro il marxismo. Più tardi iniziarono la nazionalizzazione delle terre agricole. Successivamente adottarono quest'idea nei nuovi Paesi che riuscirono a soggiogare; dissero ad ogni uomo che avrebbe avuto la sua fattoria.

Iniziarono questo programma in Cina. Presero le

grandi fattorie e abolirono i diritti delle banche ipotecarie e dei proprietari e liberarono gli inquilini dal dovere qualsiasi pagamento ai proprietari. Dunque, non fu la filosofia a rendere comunisti i contadini cinesi, ma la promessa di una vita migliore; le persone pensavano che sarebbero riuscite a migliorare la propria condizione se avessero potuto ottenere i terreni agricoli posseduti fino ad allora dai ricchi. Ma questa non è la soluzione al problema cinese. I sostenitori di questo programma furono chiamati riformatori agricoli e non marxiani. L'idea della distribuzione della terra è assolutamente non marxiana.

***

[Ulteriori commenti di Mises durante la sessione di domande e risposte]

Nemmeno le maggioranze sono divinità. "*Vox populi vox dei*" è una vecchia massima tedesca, ma non è vera. La base del concetto di compiacere la maggioranza è che, a lungo andare, la maggioranza non tollererà il governo di una minoranza; se la maggioranza non è contenta ci sarà una rivoluzione violenta per rovesciare il governo. Il sistema di governo rappresentativo non è radicale, è precisamente un modo per rendere possibile un cambiamento di governo senza violenza. Molti pensano che, con l'approvazione del popolo, potranno cambiare il governo alle prossime elezioni. La regola della maggioranza non è un buon sistema, ma è un sistema che assicura condizioni pacifiche all'interno del Paese. Giornali, periodici, libri, eccetera, svolgono il ruolo di formatori di opinione.

Il grande progresso dell'era moderna fu l'istituzione

del governo rappresentativo. Il grande pioniere di questa idea fu il filosofo britannico David Hume (1711-1776)[25]. Egli sottolineò che, nel lungo termine, il governo non si basa sul potere militare, come si credeva, bensì sull'opinione, sull'opinione della maggioranza. Ciò che serve è convincere la maggioranza; e non perché la maggioranza ha sempre ragione. Al contrario, direi che molto spesso la maggioranza ha torto. Ma se non si vuole ricorrere a un rovesciamento violento del governo, cosa che è impossibile se si è la minoranza – perché è la minoranza a essere rovesciata in queste circostanze –, esiste un solo metodo: parlare alle persone, scrivere e parlare ancora una volta.

---

[25] David Hume,"Of the First Principles of Government," Chapter 4, in Eugene F. Miller, ed., Essays, Moral, Political, and Literary, (Indianapolis: Liberty Fund, 1987)

La Costruzione della Civiltà Moderna

i risparmi, gli investimenti e il calcolo economico

L'istituzionalismo[26] spesso ridicolizzava gli economisti classici, perché questi iniziavano i loro ragionamenti con la cosiddetta "*Crusoe economics*" (l'economia di Robinson Crusoe, in italiano). In principio, un pescatore ebbe l'idea che un giorno avrebbe potuto pescare più pesci di quanti ne avesse bisogno e poi avrebbe potuto godere di un po' di tempo libero per fabbricare reti da pesca. Queste reti e questi pesci in più, resi possibili grazie al tempo risparmiato, sono "beni capitali" – non li chiamo "capitali".

I beni capitali sono i fattori intermedi tra i fattori naturali disponibili di produzione e i beni di consumo. La natura – risorse naturali disponibili – e il lavoro umano sono i fattori naturali disponibili. Ma, affinché possano produrre qualcosa, tali fattori devono comunque essere guidati. I fattori intermedi di produzione – beni capitali – non sono solo strumenti, ma sono anche tutti gli altri beni intermedi, prodotti semilavorati e forniture di beni di consumo che vengono utilizzati per il sostegno di coloro

---

[26] Una scuola di pensiero che sottolinea l'importanza dei fattori sociali, storici e istituzionali all'interno dell'ambito economico piuttosto che dell'azione umana individuale.

che producono con l'aiuto di beni capitali. Il processo di produzione che stiamo organizzando e che stiamo operando oggi ebbe inizio nei primi anni della Storia, nelle più remote epoche storiche. Se i bambini avessero esaurito le reti e il pesce prodotti dai loro genitori, l'accumulo di capitale sarebbe dovuto ricominciare tutto da capo. Vi è un continuo progresso dalle condizioni più semplici a quelle più raffinate. È importante rendersene conto, perché dobbiamo sapere che, fin dal principio, il primo passo verso questo sistema, che si basa sulla produzione con l'aiuto di beni strumentali, fu – ed è sempre stato – il risparmio.

È necessario discernere tra il concetto di "capitale" e il concetto di "beni capitali". È impossibile pensare e affrontare i problemi dei beni capitali senza usare e riferirsi ai concetti che abbiamo sviluppato nel moderno e complicato sistema di calcolo di capitale. I beni capitali sono qualcosa di materiale – qualcosa che potrebbe essere descritto in termini fisici e chimici. Il concetto di "capitale", invece, si riferisce alla *valutazione* dell'insieme di questi beni capitali in termini di denaro. Questa valutazione dei beni capitali in termini di denaro è ciò che segna l'inizio di quello che può essere chiamato un nuovo e più elevato periodo di sforzi umani per migliorare le condizioni esterne dell'umanità. Il problema è come mantenere o preservare la quantità di capitale disponibile e come evitare il consumo dei beni capitali disponibili senza sostituirli. Il problema è come non consumare più – o, se possibile, come consumare meno – della quantità di beni recentemente prodotti. È il problema della conservazione del capitale, della manutenzione e, evidentemente, dell'aumento del capitale disponibile.

In alcune circostanze, è possibile affrontare questo problema senza calcoli particolari o senza una qualche computazione. Se un agricoltore continua a produrre allo stesso modo e se i metodi di costruzione e il metodo di vita non sono cambiati, può stimare la sua condizione perché può stabilire dei paragoni in termini fisici e biologici: due stalle sono più di una stalla, una dozzina di mucche sono più di due mucche, e così via. Ma questi modesti metodi di calcolo sono insufficienti in un sistema economico in cui vi è cambiamento e progresso. La sostituzione di un qualche fattore può non darsi nella stessa forma dei fattori che si esauriscono. I motori diesel possono essere sostituiti con motori a vapore, e così via. La sostituzione e il mantenimento del capitale in tali condizioni richiede un metodo di calcolo e di computazione che può essere misurato solo in termini di denaro. I vari fattori fisici ed esterni della produzione non possono essere confrontati in nessun altro modo se non dal punto di vista dei servizi che sono in grado di rendere agli uomini, calcolati in termini di denaro.

Questo fu uno degli errori fondamentali di Aristotele. Egli credeva che negli scambi i beni scambiati dovessero avere lo stesso valore. Fin dai suoi tempi, per due o tremila anni, lo stesso errore prevalse più e più volte, portando i grandi pensatori, così come gli uomini semplici, a smarrirsi. Lo stesso errore appare nelle prime pagine del *Das Kapital* di Marx, rendendo inutile tutto ciò che diceva riguardo a questi problemi. Questo errore si è ripetuto anche molto più tardi negli scritti di Henri Bergson (1859-1941), l'eminente filosofo francese.

Non vi è equivalenza negli scambi. Al contrario, sono le differenze, appunto, che portano allo scambio. Non possiamo ridurre i termini dello scambio e del commercio all'equivalenza; possiamo ridurli solo alle differenze di valutazione. Il compratore valorizza ciò che ottiene in più rispetto a ciò che dà, mentre il venditore valorizza di meno ciò che dà rispetto a ciò che ottiene. Pertanto, l'equivalenza che usiamo nel determinare l'importanza che i vari beni capitali hanno nella nostra vita può essere espressa solo in termini di prezzi. Effettuando un calcolo in termini di prezzi possiamo stabilire un sistema di prezzi e determinare se un prezzo è aumentato o diminuito, cioè in termini di denaro. Senza un sistema del genere non ci può essere alcun calcolo. Nel sistema socialista, che per forza non può avere un sistema di prezzi come quello che abbiamo nel sistema di mercato, non si possono stabilire il calcolo e la computazione.

Nel sistema di calcolo economico abbiamo i termini "capitale" e "reddito" – termini e nozioni che non si possono pensare al di fuori di questo sistema. Il "capitale" è la somma dei prezzi che si possono ottenere nel mercato per un insieme determinato di beni capitali. L'imprenditore utilizza il calcolo economico in un modo specifico, e non potrebbe operare senza questo sistema di calcolo economico. Quando apre la sua impresa, egli stabilisce un valore totale per tutti i beni capitali a sua disposizione e lo definisce il suo "capitale" – o il "capitale" della sua impresa o società. Periodicamente confronta il valore dei prezzi di tutti i beni capitali disponibili nell'impresa con i prezzi di questi beni all'inizio. Se vi è un aumento, lo chiama "profitto"; se vi è una diminuzione, la chiama "perdita". Nessun altro sistema gli permetterebbe di stabilire se ciò che è stato fatto ha aumentato, migliorato o addirittura diminuito il capitale disponibile. Da un altro punto di vista, il *surplus* totale che egli chiama "profitto" può anche essere chiamato "reddito", nella misura in cui consente al proprietario – società o singolo individuo – di consumare tale importo senza ridurre la quantità di capitale disponibile e senza, quindi, vivere a spese del futuro. Dunque, i concetti di "capitale" e "reddito" si sono sviluppati solo all'interno di questo sistema di calcolo economico.

Se l'importo totale del "reddito" viene consumato, allora non vi è alcuna variazione nell'ammontare del capitale a disposizione dell'impresa. Se una sua parte viene risparmiata – non consumata ma reinvestita, ovvero se viene utilizzata per espandere lo stock di beni capitali a disposizione dell'impresa – allora possiamo dire che è stato accumulato un capitale aggiuntivo; l'impresa ha guadagnato un qualche "reddito". Se succede invece il contrario, cioè se la quantità consumata dal proprietario supera il reddito, allora abbiamo un consumo di capitale o dispersione di capitale, e ve ne sarà meno disponibile in futuro per la produzione di beni di consumo.

Non voglio entrare nel merito di quanta conoscenza gli antichi greci e romani avessero di queste idee. Avevano almeno una certa conoscenza, ma a partire dal Medioevo tale sapere scomparve completamente. Sotto le condizioni del Medioevo, non vi era bisogno di questo calcolo. Esso si sviluppò molto lentamente nell'ultima fase del Medioevo, nei Paesi in cui all'epoca il progresso economico era molto migliore rispetto ad altri, come in

Italia. Come risultato, alcuni dei termini fondamentali della contabilità conservano la loro origine italiana, un esempio di ciò è la stessa parola "capitale".

All'inizio, i termini della contabilità non erano molto chiari. Le persone non erano molto brave in aritmetica, e scopriamo errori grotteschi in semplici problemi aritmetici anche nei libri contabili delle grandi aziende del XV secolo. Gradualmente, queste idee si svilupparono sempre di più fino a quando non nacque il sistema della contabilità a partita doppia. Tutto il nostro pensiero è ora influenzato da queste idee, anche chi non sa nulla dei problemi della contabilità e non è in grado di leggere e interpretare il bilancio di una società è influenzato da tali concetti. I contabili e i ragionieri sono soltanto i professionisti che lavorano secondo questa metodologia fondamentale per affrontare tutti i problemi materiali ed esterni. Tuttavia, questi problemi non riguardano solo i contabili e i ragionieri. Goethe, che fu un grande poeta, scienziato e precursore della scienza dell'evoluzione, descrisse il sistema di contabilità a doppia scrittura di un mercante come "una delle più meravigliose invenzioni dello spirito umano". Goethe si rese conto che queste idee erano fondamentali per il sistema moderno di produzione e di azione, una sorta di matematica pratica e logica nel modo in cui le persone affrontano tutti questi problemi.

Nella nostra epoca, l'opinione pubblica e la legislazione hanno completamente perso ogni comprensione di questi problemi. Ciò è dovuto alla moderna legislazione sulle imposte sul reddito. Prima di tutto, nella legislazione relativa alle imposte sul reddito, il legislatore chiama gli stipendi e i salari "reddito" o "reddito prodotto". Tuttavia, "reddito" in senso economico è sostanzialmente quell'eccedenza rispetto ai costi di un imprenditore che può essere consumata senza una corrispettiva riduzione del capitale, *i.e.*, senza vivere a spese del futuro. Non si può consumare il "reddito" senza corrodere le opportunità di produzione futura. I concetti di "capitale" e "reddito" si sono sviluppati solo all'interno del sistema di calcolo economico.

Queste leggi sulle imposte sul reddito trattano anche gli "utili" come se fossero salari. Gli autori delle imposte sul reddito si sorprendono enormemente quando un'azienda non ha utili ogni singolo anno. Non si rendono conto che vi sono anni buoni, ma anche anni brutti per un'impresa. Una conseguenza di ciò è che durante la grande depressione dei primi anni '30 le persone dicevano: «Che ingiustizia che un uomo che possiede una grande fabbrica non debba pagare alcuna imposta sul reddito quest'anno, mentre un uomo che guadagna solo 300 dollari al mese lo deve fare». Non era ingiusto dal punto di vista della legge, dato che quell'anno il proprietario della grande fabbrica non ebbe "reddito".

Gli autori, nel promulgare queste leggi sulle imposte sul reddito, non avevano la minima idea di cosa significassero realmente "capitale" e "reddito" nel sistema economico. Quello che non vedevano era che la maggior parte dei grandi utili e dei grandi redditi non veniva spesa dagli imprenditori, ma reinvestita in beni capitali, che erano integrati nell'impresa per aumentare la produzione. Questo è stato precisamente il modo nel quale il progresso economico, il miglioramento delle condizioni materiali, ha avuto luogo. Per fortuna non devo occuparmi delle leggi sulle imposte sul reddito, né della mentalità che ha portato all'approvazione di tali leggi. Basta dire che, dal punto di vista del singolo lavoratore, sarebbe molto più ragionevole tassare solo il reddito speso, *non* quello risparmiato e reinvestito.

In molti casi, è difficile che un uomo che si trova negli ultimi anni della sua vita riesca a guadagnare abbastanza per mantenersi, o almeno a guadagnare una somma equivalente a quella che gli pagavano nel fiore degli anni. Per farla semplice, prendiamo la situazione dei cantanti i cui anni di grande guadagno sono decisamente limitati.

Voglio affrontare l'idea secondo la quale il risparmio in generale – o anche il risparmio in circostanze particolari – è presumibilmente un male dal punto di vista del benessere della società e che, quindi, si dovrebbe fare qualcosa per limitarlo o per indirizzarlo verso canali speciali. Infatti, possiamo dire, e nessuno lo può negare, che tutto il progresso materiale, tutto ciò che distingue le nostre condizioni da quelle delle ere precedenti, è che, rispetto a prima, è stato risparmiato e accumulato come beni capitali. Questo distingue anche gli Stati Uniti da, diciamo, l'India o la Cina. La differenza più importante è puramente temporale. Non è troppo tardi per loro, è solo che abbiamo iniziato prima a risparmiare una parte dell'eccesso di produzione rispetto al consumo.

Il fattore istituzionale più importante per lo sviluppo delle nazioni è stato l'istituzione di un sistema di governo e di un quadro normativo che hanno finalmente consentito il risparmio su larga scala. Questo era impossibile e lo è ancora oggi in tutti quei Paesi nei quali i governi credono che, quando un uomo possiede qualcosa di più rispetto ad altre persone, debba necessariamente essere la causa del disagio di queste ultime. Questo era, tempo fa, un pensiero comune a tutte le persone; ed è ancora oggi il pensiero di molte persone in molti Paesi al di fuori della civiltà occidentale. È anche il pensiero che sta attualmente mettendo a repentaglio la civiltà occidentale, poiché grazie a ciò si stanno introducendo metodi alternativi di governo in quelle stesse costituzioni che hanno reso possibile lo sviluppo della civiltà occidentale. Inoltre, è stato anche il pensiero che ha prevalso nella maggior parte dei Paesi europei fino all'ascesa del capitalismo moderno, cioè fino all'epoca chiamata in modo molto inappropriato "Rivoluzione industriale".

Per dimostrare quanto fosse forte tale idea, cito Immanuel Kant (1724-1804), uno dei più importanti filosofi della Storia – benché vivesse in Oriente, a Kaliningrad, all'epoca chiamata Königsberg: «Se un uomo ha più del necessario, un altro ne ha meno.» Questo è matematicamente perfettamente vero, ovviamente, ma la matematica e l'economia sono due cose diverse. Il fatto è che non era possibile risparmiare e investire in tutti quei Paesi in cui le persone credevano in questo motto e in cui i governi pensavano che il modo migliore per incrementare le condizioni generali fosse quello di confiscare le ricchezze degli imprenditori di successo – non era poi necessario confiscare le ricchezze di coloro che non avevano successo.

Se qualcuno mi chiedesse perché gli antichi greci non

avevano le ferrovie, risponderei: «Perché, a quei tempi, vi era la tendenza alla confisca delle ricchezze. Perché allora qualcuno avrebbe dovuto investire in ciò?». Il filosofo greco Isocrate (436-438 a.C.) tenne alcuni discorsi ancora usufruibili. Diceva che, qualora un cittadino benestante fosse stato processato ad Atene, non avrebbe avuto alcuna possibilità di vincere, perché i giudici avrebbero voluto confiscare i suoi beni, aspettandosi che ciò migliorasse la loro situazione. In tali condizioni non si può parlare di risparmi su larga scala.

Il risparmio su larga scala si sviluppò solo a partire dal XVIII secolo. E da quel momento in poi si svilupparono anche quelle istituzioni che resero possibile il risparmio e l'investimento, non solo da parte dei benestanti, ma anche di piccole somme da parte dei poveri. All'inizio, il povero poteva risparmiare solo accumulando monete, ma le monete accumulate non pagano alcun interesse, e perciò il vantaggio che otteneva dai suoi risparmi non era molto grande. Inoltre, era pericoloso avere in casa questi piccoli tesori: potevano essere facilmente rubati e a quel punto si perdeva l'intero risparmio. Dall'inizio dell'Ottocento in poi, vi fu uno sviluppo su larga scala che rese il risparmio possibile alle grandi masse.

Una delle differenze caratteristiche tra un sistema capitalistico e un sistema precapitalistico è che nel sistema capitalistico anche coloro che non sono molto benestanti sono proprietari di risparmi e hanno piccoli investimenti. Molte persone non riconoscono questa differenza. Ancora oggi, nell'affrontare il problema degli interessi, gli statisti, o i politici, così come l'opinione pubblica, credono che i creditori siano i ricchi e i debitori i poveri. Dunque, pensano che una politica governativa in favore del "denaro facile", ovvero una politica di riduzione artificiale dei tassi di interesse da parte del governo, sia a favore dei poveri e contro i ricchi. In verità, i poveri e i meno abbienti possiedono depositi presso le casse di risparmio, possiedono obbligazioni, polizze assicurative e hanno diritto a pensioni. Secondo un resoconto di un giornale di oggi, vi sono sei milioni e mezzo di proprietari di obbligazioni (promesse di pagamento) in questo Paese. Non so se questa cifra sia esatta o meno. Ciononostante, queste obbligazioni sono ampiamente distribuite, e questo significa che la maggioranza del Paese non è composta da debitori bensì da creditori. Tutte queste persone sono creditrici. D'altra parte, i proprietari delle azioni ordinarie di una società che ha emesso obbligazioni, o che è indebitata con le banche, non sono creditori, bensì debitori. Allo stesso modo, il grande conglomerato immobiliare che ha un enorme mutuo è anch'esso debitore, quindi non è vero, com'era prima, che i ricchi sono creditori e i poveri sono debitori. Le condizioni in questo ambito sono notevolmente cambiate.

Una dei grandi *slogan* di Hitler per mobilizzare i suoi potenziali elettori era: «Basta con la schiavitù dell'interesse. Lunga vita al debitore; perisca il creditore». Ma un giornale tedesco riconobbe l'errore di tale *slogan* e scrisse un articolo con il titolo: «SAI CHE TU STESSO SEI UN CREDITORE?» Non si può dire che tale articolo sia stato apprezzato da Hitler.

Alcuni anni fa si è diffusa un'ostilità al risparmio e all'accumulo di capitale. Questa opposizione al risparmio non può essere attribuita a Marx, perché Marx non capiva come si accumulasse il capitale. Karl Marx non previde lo sviluppo delle grandi corporazioni e della proprietà da parte di molteplici piccoli risparmiatori. Un economista russo, influenzato da Marx, dichiarò anni fa che l'intero sistema economico del capitalismo era autocontraddittorio. Invece di consumare tutto ciò che è stato prodotto, una gran parte delle cose prodotte viene risparmiata e accumulata come capitale aggiuntivo. Ve ne saranno sempre di più per le successive generazioni. Questo economista direbbe: «Qual è il senso di ciò? Per chi accumulano tutto questo? Agiscono come un avaro che accumula, ma chi potrà sfruttare ciò che il loro risparmio ripaga? È ridicolo; è un male; bisogna fare qualcosa a riguardo».

John Maynard Keynes (1883-1946) ha avuto successo con il suo programma anti-risparmio. Secondo lui, il risparmio eccessivo è pericoloso. Egli credeva, e molte persone hanno accettato il suo punto di vista, che le opportunità di investimento fossero limitate. Potrebbero non esserci sufficienti opportunità di investimento per assorbire tutti i redditi che vengono appartati come risparmio. Gli affari andranno male perché vi sono troppi risparmi. Dunque, era possibile risparmiare troppo.

La stessa dottrina, da un altro punto di vista, prevalse per un periodo di tempo piuttosto lungo. Le persone credevano che una nuova invenzione – un dispositivo risparmiatore di manodopera – avrebbe prodotto quella che veniva chiamata "disoccupazione tecnologica". Questa era l'idea che aveva portato i primi sindacati a distruggere le macchine. I sindacati contemporanei mantengono ancora la stessa idea, ma non sono così poco sofisticati da distruggere le macchine: hanno sviluppato metodi più raffinati.

Per quanto possiamo vedere, i desideri umani sono praticamente illimitati. Per soddisfare le nostre esigenze abbiamo bisogno di un maggiore accumulo di beni capitali. L'unico motivo per cui non abbiamo un tenore di vita più elevato in questo Paese è che non abbiamo abbastanza beni capitali per produrre tutte le cose che le persone vorrebbero avere. Non voglio dire che tutti fanno sempre il miglior uso degli incrementi economici. Ma, qualsiasi cosa si desideri, più investimenti e più manodopera saranno richiesti per soddisfarlo. Potremmo migliorare le condizioni, potremmo pensare a più modi per impiegare il capitale, anche nelle zone più ricche degli Stati Uniti, anche in California. Ci sarà sempre molto spazio per gli investimenti finché ci sarà scarsità dei fattori materiali di produzione. Non possiamo immaginare uno stato di cose senza questa scarsità. Non possiamo immaginare la vita in una "Terra di Cockaigne", dove le persone devono solo aprire la bocca e lasciare entrare il cibo, dove tutto ciò che le persone desiderano è prontamente disponibile.

Scarsità dei fattori di produzione significa scarsità di beni capitali. Di conseguenza, tutta l'idea secondo la quale dobbiamo smettere di risparmiare e iniziare a spendere è fantasia. Nel 1931 o 1932, Lord Keynes e alcuni suoi amici pubblicarono una dichiarazione in cui affermavano che vi era un solo mezzo per evitare la catastrofe e per migliorare immediatamente le condizioni economiche: spendere, spendere di più e ancora di più. Economicamente dobbiamo capire che spendere in questo senso non crea i posti di lavoro che gli investimenti genererebbero allo stesso modo. Non importa se si usa il proprio denaro per l'acquisto di un nuovo macchinario o se lo si spende in un *night club*. Secondo la teoria di Keynes l'uomo che spende i soldi per una vita migliore crea posti di lavoro, mentre l'uomo che compra un nuovo macchinario e migliora la produzione nasconde qualcosa al pubblico.

Non è vero che quando Keynes scrisse il suo libro le condizioni in Gran Bretagna giustificavano la sua teoria della spesa pubblica per la creazione della piena occupazione. Responsabile della situazione sfavorevole in Gran Bretagna fu il fatto che le industrie britanniche dopo la Prima guerra mondiale non avevano i mezzi necessari per migliorare le attrezzature materiali nelle loro fabbriche. Dunque, i macchinari britannici erano inefficienti se confrontati con quelli di altri Paesi, specialmente con quelli degli Stati Uniti. Di conseguenza, la produttività marginale della manodopera era più bassa in Gran Bretagna. Ma dato che i sindacati non avrebbero tollerato alcuna riduzione significativa dei salari per rendere l'industria britannica più competitiva, il risultato fu la disoccupazione. Ciò di cui la Gran Bretagna aveva bisogno era di maggiori investimenti per migliorare la produttività dei fattori di produzione, così come oggi ha bisogno di fare lo stesso.

Lord Keynes aveva una visione piuttosto peculiare su questa idea. Un suo amico americano pubblicò un articolo che parlava dell'amicizia personale con Lord Keynes. Nel lavarsi le mani, l'amico è stato molto attento a non sporcare più di un asciugamano. Poi Keynes accartocciò tutti gli asciugamani e disse che in questo modo stava creando più posti di lavoro per le cameriere americane. Da questo punto di vista, il modo migliore per aumentare l'occupazione sarebbe quello di distruggere il più possibile. Avrei pensato che quell'idea fosse stata demolita una volta per tutte da Frédéric Bastiat (1801-1850) nella sua storia della finestra rotta[27]. Ma evidentemente Keynes non aveva capito questa storia di Bastiat.

La fallacia secondo la quale le macchine che risparmiano manodopera creano disoccupazione tecnologica è stata smentita non solo dall'analisi teorica, ma anche dal fatto che l'intera storia dell'umanità consiste precisamente nell'introduzione continua di una quantità sempre maggiore di macchine che risparmiano manodopera. Oggi produciamo una quantità più elevata e variegata di servizi con una minore quantità di lavoro umano, e intanto vi sono più persone e più posti di lavoro. Dunque, non è vero che le persone sono private del loro lavoro perché sono state inventate alcune nuove macchine.

Non è meno una favola, ed è anche una bruttissima favola, l'idea secondo la quale l'accumulo di capitale fa male ai lavoratori. Più beni capitali sono disponibili, maggiore è la produttività marginale del lavoro – a parità di altre cose. Quando un datore di lavoro considera l'assunzione o il licenziamento di un lavoratore, si chiede

---

[27] Vedere "Ciò che si vede e ciò che non si vede," un estratto del primo capitolo dei *Selected Essays on Political Economy di Bastiat*, tradotto e curato da Alessio Cotroneo (Independently published.: Istituto Liberale, 2020

quanto valore l'impiego di questo uomo aggiunge ai suoi prodotti.

Se, ad esempio, l'impiego di un lavoratore in più aumenta la quantità di beni prodotti, il problema del datore di lavoro diventa, quindi: «il suo impiego costa più di quanto guadagniamo vendendo la sua produzione aggiuntiva?» Lo stesso problema si pone quando si considera l'impiego di una quantità addizionale di beni capitali. Maggiore è la somma capitale disponibile per lavoratore, maggiore è la produttività marginale del lavoratore e, di conseguenza, maggiore è il salario che il datore di lavoro può pagare. Più si riesce ad accumulare capitale – a parità di altre cose – più si possono impiegare lavoratori con lo stesso stipendio, o addirittura con stipendi più elevati.

Due uomini d'affari, Howard Pew (1882-1971), di Sunoco, e Irving Olds (1887-1963), di U.S. Steel, hanno cercato, senza troppo successo, di spiegare agli altri imprenditori l'effetto dell'inflazione sull'accumulo di capitale, sulle scorte, sul deprezzamento, etc. L'inflazione fa aumentare i prezzi di vendita degli imprenditori, creando l'illusione che stiano ottenendo profitti. Lo Stato successivamente tassa questi apparenti "profitti", che altrimenti sarebbero stati utilizzati per investimenti o appartati per ammortamenti e sostituzioni, e utilizza le conseguenti entrate per pagare le spese correnti.

Se un individuo stipula una polizza assicurativa con una compagnia di assicurazione privata, la compagnia di assicurazione investe questo denaro. In futuro, evidentemente, quando l'assicurazione dovrà essere pagata, la compagnia dovrà disinvestire. I singoli individui prima o poi devono decidere quando disinvestire, ma le compagnie di assicurazione si espandono anno dopo anno e, poiché l'accumulo di capitale avviene in tutto il Paese, queste compagnie, considerate insieme, non devono disinvestire.

Con il sistema di previdenza sociale è diverso. Il governo parla di statistica attuariale, ma questo non significa affatto ciò che significa per una compagnia di assicurazioni. Ciò che l'individuo paga, il governo spende per le spese correnti. Il governo dà poi al "Fondo di previdenza sociale" un titolo di Stato, una promessa di pagamento. In questo modo il governo "investe" in titoli di Stato. Il governo, quando riscuote le imposte e i contributi della "Previdenza sociale", sta praticamente dicendo il seguente: «Datemi i vostri soldi da spendere e, in cambio, vi prometto che fra 30 o 40 anni i contribuenti saranno disposti a ripagare il debito che abbiamo contratto oggi».

Il Sistema statale di previdenza sociale è quindi un qualcosa di molto diverso dalle assicurazioni private. Non significa che sia stato effettivamente risparmiato qualcosa. Al contrario, i risparmi degli individui sono raccolti dal governo per la "Previdenza sociale", ma sono utilizzati per finanziare le spese correnti. Sono pienamente convinto che il governo pagherà, ma la domanda è: con che tipo di dollari? Il tutto dipende dalla disponibilità dei futuri parlamenti e dal futuro pubblico di pagare in denaro vero. Se alle persone non piace la cartamoneta, non la userà. Ad esempio, la California ebbe molta difficoltà con il denaro in circolazione – i cosiddetti

Greenbacks[28] – durante il periodo della Guerra di secessione americana.

L'idea di Bismarck sulla previdenza sociale era molto semplice: egli voleva che tutti ricevessero qualcosa dallo Stato. Egli paragonò la situazione a quella dei francesi, molti dei quali possedevano titoli di Stato e ricevevano interessi. Pensava che fosse questo il motivo per cui i francesi erano così patriottici: ricevevano qualcosa dallo Stato. Bismarck voleva che anche il singolo tedesco dipendesse dal governo e perciò creò un bonus governativo aggiuntivo di 50 marchi per ogni pensionato. Questo buono fu chiamato *Reichszuschuss* (Indennità suppletiva del regno, in tedesco).

I problemi di capitale sono problemi di calcolo economico. Non possiamo aumentare i "beni capitali" per mezzo dell'inflazione, anche se possiamo aumentare *in apparenza* il "capitale". Il risultato è una discrepanza tra beni capitali e capitale, come evidenziato dal calcolo economico.

---

[28] Dollaro americano non coperto da riserve di altri materiali e stampato sotto forma di cartamoneta, emesso per la prima volta nel 1862 (N.d.T.)

Moneta, Interessi e Ciclo Economico

Vi sono due problemi puramente teorici che comunque hanno avuto influenze e gravi conseguenze che non possono essere esagerate.

Il primo di questi due problemi riguarda gli interessi. Ciò ci riporta ad Aristotele e al suo famoso motto: «Il denaro non partorisce denari»[29]. Aristotele trovava la questione degli interessi un problema molto difficile e fu il responsabile dell'idea erronea secondo la quale gli interessi venivano pagati come compenso per l'*uso del denaro*. Per molti secoli, per duemila anni, questa fu la base teorica che poneva le basi del divieto legale dell'assunzione di interessi sui prestiti.

Le persone riuscivano a percepire gli interessi solo nell'ambito dei prestiti; non capirono che gli interessi derivavano da una categoria generale dell'azione umana; che, in verità, gli interessi si originavano dal fatto che tutte le persone, per necessità e senza alcuna eccezione, valutano di più i beni presenti rispetto a quelli futuri. Pertanto, ciò significa che i valori e prezzi scontati dei beni futuri rispetto ai valori e prezzi di quelli presenti non potrebbero essere eliminati semplicemente attraverso una regola, un decreto o un ordine statale. Quando il

---

[29] "*Nummus non parit nummos*" in latino

"capitalismo" dell'Impero Romano crollò e l'altamente sviluppata economia romana venne soppiantata dall'economia delle tribù germaniche – un'economia che era puramente agricola e basata sull'autosufficienza di ogni fattoria familiare –, fu fatto valere sempre di più il divieto generale alla pratica degli interessi sui prestiti.

In molte zone d'Europa vi fu una lotta contro gli interessi. A capo di questa lotta vi era la Chiesa. Per mille anni i concili della Chiesa ribadirono il divieto incondizionato all'applicazione di interessi. Tuttavia, per trovare una base teorica a questa proibizione, non potevano usare i Vangeli e il Nuovo Testamento, ma dovettero tornare alla legge di Mosè. Lì trovarono un passo che si riferiva all'assunzione di interessi sui prestiti che venivano fatti agli ebrei, non ai gentili[30]. Più tardi, all'inizio del XII secolo, i teologi trovarono nei Vangeli un passo che poteva anche essere interpretato come contrario all'assunzione di interessi. Questo passo, però, non si riferiva specificamente all'assunzione di interessi, bensì diceva: «prestate senza sperarne nulla»[31]. Credo che la traduzione sia corretta. Questo sollevò un problema che non è necessario approfondire, ma che fu contestato dai teologi e dagli storici del diritto.

Vi era da un lato la proibizione della Chiesa – il diritto canonico –, che la Chiesa voleva in tutti i modi far rispet-

---

[30] Con il termine gentili si traduce, in italiano, la parola ebraica גוים (goyim), intesa come soggetti di religione non ebraiche.

[31] Luca 6:35, Versione CEI: "Amate invece i vostri nemici, fate del bene e prestate senza sperarne nulla (…)"

tare, ma vi era dall'altro la realtà, la pratica e la consuetudine del popolo. I prestiti erano necessari. Nei Paesi sotto il potere della Chiesa, sia religiosi sia laici, il sistema bancario moderno si stava lentamente sviluppando e i teologi cominciarono a studiare la questione dell'interesse proprio per determinare se ci fossero o meno motivi che giustificassero il loro pagamento. Questi studi furono l'inizio del diritto economico contro la dottrina canonica. Discussero molte questioni, e almeno eliminarono l'errata convinzione secondo la quale il mutuante, quando guadagna degli interessi sul denaro prestato, estrae qualcosa di ingiusto dal mutuatario. Ciononostante, quest'erronea idea si trova ancora in molti libri di testo americani.

Vi era, comunque, un'altra rilevante questione: se si aumenta l'offerta di denaro disponibile per prestito, allora si induce il mercato monetario a una riduzione del tasso d'interesse (dei prestiti a breve termine). Se l'interesse non è la ricompensa per aver conferito a un uomo l'uso di una certa somma di denaro, ma di fatto dipende dallo sconto dei beni presenti rispetto a quelli futuri – ed è indipendente dal fatto che l'offerta di denaro sia maggiore o minore –, come e per quale motivo la riduzione iniziale del tasso di interesse, causata da un aumento dell'offerta di denaro, viene invertita?

In altre parole, nonostante l'aumento dell'offerta di denaro, qual è il processo che ristabilisce un tasso di interesse che riflette le valutazioni delle persone riguardo allo sconto dei beni futuri rispetto ai beni presenti? Alcuni hanno negato l'esistenza di questo fenomeno. Altri hanno semplicemente dichiarato che, se si aumenta la quantità di denaro o di sostituti del denaro, si può generare una progressiva tendenza verso un'ulteriore e crescente riduzione del tasso di interesse fino a quando l'interesse non scompare completamente. In realtà, vi sono addirittura alcuni autori socialisti che credono che questo sia il modo giusto per generare abbondanza, per creare benessere e rendere tutti ricchi.

Dobbiamo fare una netta distinzione tra due tipi di transazioni bancarie. La classica definizione di banchiere, quella che usavano gli imprenditori e gli economisti, era che un banchiere era un uomo che dava in prestito il denaro di altre persone. Infatti, un uomo che dà in prestito il proprio denaro è invece un prestatore di denaro. Detto ciò, il banchiere è una persona che riceve depositi da alcune persone e li presta ad altre; e, perciò, i suoi guadagni commerciali derivano da una differenza tra il tasso d'interesse che paga ai suoi depositanti e il tasso d'interesse che ottiene da coloro a cui presta denaro. Questo è il vero *business* delle banche, il vero *business* di un banchiere.

La situazione che si creò nell'Ottocento, con lo sviluppo dei moderni metodi bancari, con l'emissione di banconote e con l'istituzione dei depositi soggetti a controllo, portò a due gravi problemi: i mezzi fiduciari e l'espansione del credito.

Fu un'evoluzione storica che ebbe luogo prima in Gran Bretagna, e successivamente anche in altri Paesi. Le persone depositavano denaro da custodire presso questi individui che più tardi furono chiamati banchieri – inizialmente questi erano gli orafi di Londra. Questi davano ai depositanti delle ricevute per i loro soldi; tali ricevute, che oggi chiameremmo "banconote", venivano successivamente usate dai depositanti per effettuare pagamenti.

Quando l'orafo in questione godeva di buona fede e reputazione, un altro individuo non aveva motivi per non accettare tali ricevute per il pagamento del denaro che gli spettava. Gli orafi e i primi banchieri scoprirono ben presto che non era necessario tenere nascosti nei propri *caveau* fondi equivalenti all'importo totale delle ricevute emesse: potevano emettere più ricevute (più banconote) di quante ne avessero realmente in cassa. Scoprirono che potevano prestare una parte delle loro riserve, ossia che era possibile concedere più credito per mezzo di operazioni bancarie di quanto avrebbe consentito l'importo di denaro effettivamente depositato presso di loro. In questo modo scoprirono ciò che noi chiameremmo "mezzi fiduciari".

La seconda attività molto discutibile fu l'istituzione dell'espansione del credito, che può essere descritta come il problema economico più importante della nostra epoca. Ciò significa che il banchiere presta più denaro alle persone di quanto ne riceva dai suoi depositanti. Questa eccedenza, o *surplus*, di banconote emesse dal banchiere, o di depositi soggetti a controllo che egli rende disponibili ai suoi clienti, è ciò che viene chiamato "espansione del credito". La domanda è: «Quali sono le conseguenze di tali operazioni?»

All'inizio, questa modalità di espansione del credito non era molto cospicua, non era molto pericolosa, perché veniva messa in atto da singoli banchieri che avevano una buona reputazione in città, e le loro banconote potevano essere accettate o meno dalle persone. Si poteva andare dal banchiere e ricevere un prestito costituito completamente da banconote eccedenti – *i.e.*, da mezzi fiduciari –, vale a dire un prestito reso possibile solo in ragione di un procedimento di espansione creditizia.

Tuttavia, la domanda allora era: «I vostri clienti e i vostri creditori sarebbero stati davvero pronti ad accettare come pagamento le banconote emesse da questo banchiere?» Possiamo supporre che un creditore che ha un affare discutibile risponderebbe: «È meglio prendere queste banconote che aspettare più a lungo il pagamento». Ma poi sarebbe andato immediatamente dal banchiere che ha emesso le banconote e le avrebbe riscattate, riducendo così il numero di banconote in eccedenza in circolazione. Dunque, i pericoli dell'espansione del credito non erano molto grandi finché l'espansione del credito era l'attività delle banche private e delle imprese private soggette a leggi commerciali. Fintanto che le banconote in eccedenza potevano essere restituite alla banca di emissione per il rimborso, vi era un controllo sull'espansione del credito, e perciò non era possibile l'esistenza di un'espansione che fosse in qualche modo considerevole.

Eppure, ben presto i governi invasero questo campo d'azione. Lo fecero sotto la premessa erronea secondo la quale emettendo credito in circolazione, credito aggiuntivo e mezzi fiduciari, insomma, emettendo più denaro di quello che avevano ricevuto dal pubblico, le banche sarebbero state in grado, precisamente a causa di questa espansione del credito, di ridurre la "dimensione" del tasso d'interesse.

Prima ho fatto notare che un grande errore nella comprensione della natura degli interessi è stato ereditato da epoche precedenti. Era descrizione corretta delle condizioni nell'antichità dire che i ricchi erano i creditori e i poveri i debitori. Come risultato di ciò, prevaleva l'idea che un alto tasso d'interesse fosse un male. Le persone non erano disposte ad accettare che il tasso d'interesse fosse un fenomeno di mercato che non potesse essere influenzato dal governo. Per loro, si trattava solo di un ostacolo allo sviluppo e al progresso economico. Molti credevano addirittura che il tasso di interesse fosse qualcosa che veniva prodotto grazie all'avidità degli egoisti prestatori di denaro e che fosse compito del governo combatterlo.

Lo sviluppo del capitalismo moderno era dovuto al fatto che i governi, dopo secoli e secoli di errori, abbandonarono finalmente l'idea di interferire con i prezzi di mercato, con i tassi salariali, etc. Il capitalismo non si sarebbe sviluppato se l'interferenza del governo sui prezzi e sui salari non fosse stata abbandonata nel XVIII secolo; e questo sviluppo ha posto le basi per i progressi economici della nostra epoca. Tuttavia, il risultato non è stato così soddisfacente per quel che concerne il fenomeno del tasso d'interesse.

È vero che i vecchi decreti governativi che fissavano i tassi massimi degli interessi furono aboliti nell'era del liberalismo e del capitalismo, ma lo furono solo perché i governi pensavano di aver scoperto nuovi mezzi per rendere il credito meno costoso, ovvero attraverso l'espansione del credito da parte delle banche. Nel processo, i banchieri privati sono scomparsi completamente da questo ramo di mercato. I governi dettero privilegi alle banche statali che avevano il monopolio dell'emissione di mezzi fiduciari. Questa non fu una mossa facile, perché vi fu comunque una certa resistenza. Due volte in America, gli sforzi per creare una "Banca di emissione degli Stati Uniti" furono vanificati dalla maggior parte della popolazione.

Di conseguenza, i governi introdussero una procedura "a metà strada" e molto debole per affrontare il problema. Un convinto sostenitore di un sistema basato sull'espansione del credito avrebbe detto: «Se si può ridurre il tasso di interesse attraverso l'espansione del credito, perché non abolirlo del tutto? Perché non lo facciamo scomparire, in modo da poter concedere prestiti gratuiti a tutti? Questa sarebbe una soluzione al problema sociale della povertà – si potrebbe dare tutto a tutti. Perché no?» Ma i governi non credevano di poter abolire del tutto i tassi d'interesse

Ci fu un famoso scambio di lettere tra il socialista francese Pierre-Joseph Proudhon (1809-1865) e Frédéric Bastiat. Proudhon era suo avversario e sosteneva che se avessimo creato banche che emettono crediti, avremmo potuto far scomparire completamente i tassi d'interesse. Bastiat non era d'accordo, ma non trovava esattamente la posizione corretta; appoggiava una soluzione "a metà strada", cioè che i tassi d'interesse dovevano poter "fluttuare" fino a certi valori, ma che non dovevano essere "troppo alti". Questa posizione "a metà strada" divenne in seguito la dottrina ampiamente accettata nel mondo. Coloro che ancora sostenevano che era possibile creare ricchezza per tutti attraverso misure di credito volte ad abbassare o eliminare del tutto i tassi di interesse venivano chiamati "folli monetari". Non vi era motivo di chiamarli "folli monetari", erano solo più coerenti di quelli che sostenevano la politica ufficiale "intermedia". Alcuni dei sostenitori dell'abbassamento drastico dei tassi di interesse erano uomini molto eminenti, anche se eminenti in altri campi. Vi era Ernest Solvay (1838-1922), un belga che aveva successo come imprenditore e come chimico, ma che credeva che fosse possibile rendere tutti felici stabilendo un *comptabilisme social* (in italiano, compatibilità sociale o compatibilismo). In Canada vi è stato l'*Alberta Experiment*, il programma di un inglese, il maggiore Clifford H. Douglas (1879-1952). Douglas lo chiamò "credito sociale".

Come si può essere così in errore da supporre che non vi sarebbero conseguenze dopo una simile espansione del credito? Una speciale dottrina fu sviluppata proprio a questo scopo. Si diceva che, all'interno del sistema economico, vi fosse un limite naturale all'espansione del credito. La quantità di denaro necessaria per le transazioni commerciali, si diceva, era determinata dalle "esigenze del *business*", e se le banche non espandevano il credito più di quanto richiesto da queste "esigenze del *business*", allora non si poteva fare alcun danno.

La loro idea era questa: il produttore di materie prime vende le sue merci a un industriale ed emette una cambiale in suo nome; l'industriale che le compra porta la cambiale in banca; la banca la sconta e gli dà credito per pagare queste materie prime; dopo tre mesi l'industriale ha prodotto un bene di consumo con questi materiali; egli vende il prodotto e restituisce alla banca il prestito concessogli. Dunque, dicono i sostenitori di questo sistema, non vi è pericolo se la banca si limita a concedere un credito che permetta all'imprenditore di acquistare queste materie prime. Se la banca si limita a concedere credito a tali affari già esistenti, dicono, allora l'importo del credito che le viene richiesto per tali scopi è limitato dalle "esigenze del *business*" – dalla quantità esatta e reale di affari esistenti nel Paese. Pertanto, ciò non significa un aumento dell'offerta di credito, dato che l'aumento dell'offerta di credito corrisponde esattamente all'aumento della domanda di transazioni di credito basate su transazioni reali da parte delle imprese.

Tuttavia, ciò che i sostenitori di questa dottrina non capivano è che tali "esigenze" dipendono dall'ammontare del credito concesso dalla banca. E l'ammontare del credito che essa concede dipende dal tasso d'interesse che chiede ai mutuatari. Più alto è il tasso d'interesse, meno i mutuatari vorranno prestiti; più basso è il tasso d'interesse, più i mutuatari chiederanno credito.

Ogni imprenditore calcola le entrate e le spese previste dei suoi progetti. Se i suoi calcoli mostrano che la transazione, dati i costi – e compreso, ovviamente, il costo degli interessi –, non sarà profittevole, allora il progetto non viene intrapreso. Ma se la banca di emissione interviene sulla scena e crea un credito aggiuntivo da concedere a quel genere di progetto, abbassando così il tasso d'interesse al di sotto di quello che sarebbe stato in assenza di questo nuovo credito (anche se solo di un quarto o di un quinto dell'uno per cento), un certo numero di progetti che non sarebbero stati intrapresi al tasso d'interesse più alto verrebbero ora realizzati. L'espansione del credito crea una domanda propria; dà l'impressione che siano disponibili più risparmi, più beni capitali di quanto non sia in realtà. A dire il vero, in una circostanza del genere l'unico aumento è stato quello dell'ammontare di credito.

Se la banca non espandesse il credito, se non emettesse nuovi crediti di circolazione diretti a questo scopo, cioè se prestasse solo denaro proveniente dai risparmi di qualcuno, si avrebbe un'unica conseguenza: la banca dovrebbe applicare un tasso d'interesse più elevato rispetto a quello che applicherebbe se avesse creato un nuovo credito. Dunque, molte transazioni non verrebbero effettuate, proprio in decorrenza del fatto che il tasso d'interesse è un po' più alto. Tuttavia, se la banca emette nuovo credito, deve ridurre il tasso d'interesse per attirare nuovi mutuatari, poiché tutti i fondi disponibili sono già stati prestati al tasso d'interesse prevalente sul mercato.

Molto spesso le banche espandono il credito per motivi politici. Vi è un vecchio detto secondo cui se i prezzi aumentano e se gli affari vanno a gonfie vele, il partito al potere ha più possibilità di successo in una campagna elettorale di quanto non avrebbe altrimenti. Così la decisione di espandere il credito è molto spesso influenzata dal governo che vuole godere di questa "prosperità". Pertanto, i governi di tutto il mondo sono favorevoli a una politica di espansione creditizia.

Sul mercato, l'espansione del credito crea l'impressione che siano disponibili più capitali e risparmi di quelli reali, e che i progetti che ieri non erano realizzabili a causa del tasso d'interesse più alto siano oggi possibili perché le condizioni sono cambiate. Gli imprenditori partono dal presupposto che il tasso d'interesse più basso segnali la disponibilità di sufficienti beni capitali. Ciò significa che l'espansione del credito distorce i calcoli economici dell'imprenditore; dà l'impressione a questi, alla nazione e al mondo che esistano più beni capitali di quanti ve ne siano realmente. Con l'espansione creditizia si può incrementare il concetto contabile di "capitale", ma ciononostante non si possono creare più beni capitali reali.

Dato che la produzione è necessariamente sempre limitata dalla quantità di beni capitali disponibili, il risultato dell'espansione del credito è quello di far credere agli uomini d'affari che sono fattibili i progetti che, in realtà, non possono essere eseguiti a causa della scarsità reale di beni capitali. In questo modo, l'espansione creditizia induce in errore gli imprenditori, genera distorsioni nel sistema produttivo e provoca *malinvestiments* economici. Quando l'espansione del credito induce gli imprenditori a intraprendere tali progetti, il risultato si chiama "*boom*"[32].

Non dobbiamo trascurare il fatto che durante tutto l'Ottocento e il Novecento vi è sempre stata un'ossessio-

---

[32] I cicli economici normalmente sono divisi in quattro fasi distinte: la fase di espansione (o "*boom*"), la fase di recessione, la fase di depressione e la fase di ripresa. Nella prima fase, vi è un aumento della produzione e dei prezzi, con bassi tassi d'interesse; nella seconda fase, si verificano crolli nelle azioni quotate in Borsa e molteplici bancarotte; nella terza fase, vi sono cali nei prezzi e nella produzione in generale, con alti tassi d'interesse; nella quarta e ultima fase la ripresa inizia e il ciclo ricomincia.

ne, purtroppo non contro l'espansione del credito, ma almeno contro l'attribuire al governo troppi poteri nell'ambito dell'espansione creditizia. L'obiettivo principale era quello di limitare l'influenza del governo nei confronti delle banche centrali.

Nel corso della storia, i governi hanno utilizzato più volte le banche centrali per prendere in prestito denaro. Il governo può prendere in prestito denaro dal pubblico. Ad esempio, una persona che ha risparmiato cento dollari potrebbe tenerli come dollari o investirli, ma anziché fare una di queste due cose potrebbe anche comprare un nuovo titolo di Stato. Questo acquisto non cambia la quantità di denaro esistente; il denaro dato in pagamento per il titolo di Stato passa dalle sue mani a quelle dello Stato. Ma se invece il governo va dalla banca centrale con lo scopo di farsi prestare denaro, la banca può farlo semplicemente espandendo il credito (in pratica creando nuovo denaro) e, successivamente, comprando titoli di Stato. I governi normalmente hanno numerose buone idee su come portare avanti questi prestiti.

Vi è sempre stata una lotta tra i parlamenti e l'esecutivo per quanto riguarda l'influenza del governo sulle banche centrali. La maggior parte dei parlamenti europei si è espressa molto chiaramente in favore della separazione tra i governi e le banche centrali, che devono essere indipendenti. E in questo Paese, si sa, vi è un conflitto continuo tra la *Federal Reserve Board* e il Tesoro degli Stati Uniti. Questa è una situazione naturale causata dalle leggi economiche e dalla legislazione governativa. Alcuni governi sono riusciti con molta facilità a infrangere la legislazione senza violare la "lettera della legge". Il governo tedesco, ad esempio, prese in prestito denaro dai comuni cittadini durante la Prima guerra mondiale, perché la *Reichsbank* aveva promesso di concedere loro prestiti. I privati che acquistavano titoli di Stato tedeschi dovevano pagare solo il 17% dell'importo del titolo, e questo 17% dava loro un rendimento del 6% o del 7%. Dunque, l'83% del prezzo del titolo era finanziato dalla banca centrale. Ciò significa che quando il governo prendeva denaro in prestito dal popolo, in realtà stava prendendo denaro indirettamente in prestito dalla *Reichsbank* tedesca. Il risultato fu che, in Germania, il valore del dollaro statunitense passò da 4,20 marchi prima della Prima guerra mondiale a 4,2 miliardi di marchi alla fine del 1923[33].

Vi è sempre stata una resistenza a concedere poteri alle banche centrali, ma negli ultimi decenni tale resistenza è stata, nel complesso, completamente sconfitta in tutti i Paesi del mondo. Il governo degli Stati Uniti ha usato il potere della banca centrale, la *Federal Reserve*, per ottenere in prestito una parte considerevole del denaro di cui ha bisogno per finanziare le proprie spese. Le conseguenze sono state l'inflazione e la tendenza all'aumento dei prezzi e dei salari.

Non vi è dubbio che l'espansione del credito comporti un calo del tasso d'interesse. Perché, dunque, questo non significa che il tasso d'interesse possa sempre rimanere basso e che gli interessi possano davvero scomparire del

---

[33] Si veda Ludwig von Mises, "Business Under German Inflation", The Freeman, November 2003

tutto? Se è vero che il tasso d'interesse non è un fenomeno monetario, ma un fenomeno generale del mercato, che riflette il fatto che i beni futuri sono negoziati con uno sconto rispetto alla merce attuale, dobbiamo chiedere noi stessi: «Qual è la natura del processo che, dopo la caduta iniziale del tasso d'interesse dovuto all'espansione del credito, porta, infine, a un graduale ritorno del tasso d'interesse a quel livello che riflette le condizioni di mercato e lo stato generale degli affari?»

In altre parole, se il tasso di interesse è una categoria generale dell'azione umana, oppure se una maggiore offerta di denaro e di credito bancario possono portare a una temporanea riduzione del tasso d'interesse, come fa il tasso di interesse a ritornare ancora una volta al valore che riflette lo sconto sui beni futuri rispetto a quelli presenti?

Rispondendo a questa domanda, rispondiamo anche a una questione che ha occupato le persone per decenni, o addirittura secoli – in alcuni Paesi che hanno avuto banche centrali e un sistema di espansione creditizia. È questo il problema del ciclo economico: il ritorno regolare dei periodi di depressione economica. In Gran Bretagna, dalla fine del XVIII secolo in poi, e più tardi in quei Paesi che sono entrati gradualmente nel sistema capitalista moderno e che hanno adottato i metodi bancari moderni, abbiamo potuto osservare, con certa frequenza, il verificarsi quasi regolare di alcuni eventi: l'emergere di periodi di depressione economica, ovvero le crisi economiche. Per crisi economiche non intendo quelle crisi causate da un qualche evento ben definito che ne spieghi chiaramente l'avvenimento. Ad esempio, all'inizio degli

Anni Sessanta del XVII secolo, la Guerra di Secessione americana rese impossibile la spedizione del cotone dagli Stati Uniti in Europa; e gli Stati meridionali degli Stati Uniti erano, all'epoca, gli unici fornitori di cotone in Europa. Vi fu una crisi economica molto grave, che ebbe inizio nelle industrie di cotone in Europa e che finì per colpire anche le altre industrie. In ogni caso, tutti si resero conto della causa di quella crisi: era la guerra civile in America, con la conseguente interruzione delle spedizioni di cotone in Europa. Non stiamo parlando di queste crisi, che hanno come causa una situazione chiaramente identificabile. Ci stiamo occupando di una vera e propria crisi che colpisce tutti i rami dell'economia – anche se a volte è più grave in alcuni rami che in altri –, una crisi rispetto alla quale le persone non riescono a trovare una spiegazione particolare.

Dall'inizio dell'Ottocento in poi, le persone cominciarono a considerare queste crisi periodiche uno dei problemi più importanti della ricerca economica. Negli anni 1830 e 1840, gli economisti britannici risposero a questa domanda dicendo:

«Ciò che dobbiamo studiare non è la depressione economica. Questa depressione è sempre la conseguenza di un *boom* precedente. Non dobbiamo chiederci 'qual è la causa della crisi?', dobbiamo invece chiederci 'qual è la causa del *boom* precedente?'. E dobbiamo chiederci qual è il motivo dell'indiscutibile e definito sviluppo di condizioni economiche che si verifica in tutti i Paesi nei quali il capitalismo non procede in maniera lineare e costante verso l'alto, ma segue un movimento ondeggiante – un movimento in cui vi sono ripetuti periodi di *boom* che sono sempre seguiti da periodi di depressione».

In questo modo, il problema della crisi si trasformò nel problema del ciclo economico. E per risolvere la questione del ciclo economico molte spiegazioni più o meno sbagliate sono state offerte.

Ne voglio menzionare solo una, la dottrina di un economista famoso per altri motivi, William Stanley Jevons (1835-1882). La sua dottrina acquisì una certa fama, poiché egli attribuì le crisi economiche alle macchie solari[34]. Diceva che le macchie solari causano cattivi raccolti, e, di conseguenza, cattivi affari. Se è davvero così, perché allora le imprese non si sono adattate a questo fenomeno naturale come hanno imparato a adattarsi ad altri?

Se vi è un'espansione del credito, essa deve necessa-

---

[34] Nel linguaggio tecnico degli economisti contemporanei influenzati dalla cosiddetta Teoria Generale dell'Equilibrio, la nozione di "macchie solari" ("*sunspots*") si riferisce di solito a una variabile estrinseca aleatoria o all'incertezza estrinseca, entrambe considerate come fattori che non influenzano direttamente i fondamenti della teoria economica. L'origine del termine risale a uno studio econometrico pubblicato originariamente nel 1875 da William Stanley Jevons, nel quale egli cercava di indagare il rapporto tra la quantità e la durata delle macchie solari e il prezzo del grano in Inghilterra tra il 1259 e il 1400. Rispettivamente, nel 1878 e nel 1879, l'economista britannico pubblicò in due parti un altro saggio di econometria che discuteva il legame tra il fenomeno astronomico delle macchie solari e le crisi economiche. I saggi in questione sono stati ristampati come segue: JEVONS, William Stanley. "The Solar Period and the Price of Corn (1875)". In: *Investigations in Currency and Finance*. London: Macmillan, 1909. Chapter VI, p. 194-205; Idem. "Commercial Crisis and Sunspots Part I (1878)". In: *Investigations in Currency and Finance*. Op. cit., Chapter VII, p. 221-34; Idem. "Commercial Crisis and Sunspots Part II (1879)". In: *Investigations in Currency and Finance*. Op. cit., Chapter VII, p. 235-43

riamente causare una riduzione del tasso d'interesse. Dato che le banche hanno la necessità di trovare dei mutuatari per ricevere il credito aggiuntivo, devono per forza abbassare il tasso d'interesse o le qualifiche di credito dei potenziali mutuatari. Poiché tutti coloro che volevano ottenere prestiti al tasso d'interesse precedente li avevano ottenuti, le banche devono offrire prestiti a un tasso d'interesse più basso oppure includere imprese meno promettenti – e/o persone di qualità creditizia inferiore – nella classe dei potenziali mutuatari ai quali vengono concessi prestiti al tasso d'interesse precedente.

Quando gli individui consumano meno di quanto producono, la produzione eccedente (*"surplus"*) viene accantonata come risparmio. Dunque, quando il denaro erogato in prestiti proviene dai risparmiatori, esso rappresenta beni reali disponibili per essere usati in un'ulteriore produzione.

Ma quando i prestiti sono concessi per l'espansione del credito, gli uomini d'affari vengono ingannati; non vi sono beni reali a loro disposizione, solo credito appena creato.

Questo porta a una distorsione del calcolo economico. L'espansione creditizia porta a una distorsione sistematica - dà al singolo imprenditore l'impressione che un progetto che ieri non poteva essere eseguito perché non vi erano abbastanza beni capitali, ora può essere eseguito a causa dell'espansione del credito. Di conseguenza, si genera un'intensificazione dell'attività commerciale, il che significa che vengono offerti prezzi più alti per i fattori di produzione. Ma dato che non vi è stato un aumento della quantità di beni capitali, l'intensificazione dell'attività commerciale non è altro che un *boom* artificiale. I produttori di fattori di produzione esultano quando vedono che i prezzi che stanno ottenendo sono più alti di quelli di ieri, ma una tale situazione non può proseguire all'infinito, perché, appunto, non sono stati prodotti più fattori di produzione materiale. I prezzi di questi fattori, quindi, salgono di più, poiché i mutuatari del nuovo credito competono e fanno le loro offerte. In decorrenza di tutto ciò, due sono le alternative possibili.

Gli affari richiedono sempre più credito. A questo punto, o (1) le banche decidono di cedere a tale richiesta, generando sempre più credito (come è successo in Germania nel 1923, portando a una completa distruzione della moneta); oppure (2) un giorno, quando, per un motivo o per l'altro, si rendono finalmente conto di dover interrompere l'espansione del credito, le banche *effettivamente* smettono di generare nuovo credito. Così le imprese che si sono espanse non possono ottenere credito per pagare i fattori di produzione necessari al completamento dei progetti di investimento sui quali si sono già impegnate. Non potendo pagare i propri debiti, devono vendere le proprie scorte a un costo bassissimo. Poi arriva il panico e successivamente le numerose bancarotte. È l'inizio della depressione.

A causa dell'espansione del credito, l'intero sistema economico del Paese – o del mondo – si trova nella situazione di un uomo che vuole costruire una casa e che ha a sua disposizione una quantità limitata di materiali da costruzione. Quest'individuo, sbagliando i calcoli, finisce per commettere degli errori: pensa di poter costruire una casa più grande di quanto realmente possibile, considerando la sua limitata disponibilità di materiali. Per questo motivo, inizia costruendo le fondamenta troppo grandi. Solo più tardi capisce di aver commesso un errore e di non poter finire la casa nel modo in cui aveva previsto. A questo punto deve decidere se abbandonare l'intero progetto, oppure se usare i materiali ancora disponibili per costruire una casa più piccola, lasciando parte delle fondamenta inutilizzate. È proprio questa la situazione in cui si trova un Paese – o addirittura l'intero pianeta – alla fine di una crisi causata dall'espansione creditizia. A causa del credito facile, gli imprenditori commettono errori nei loro calcoli economici e si ritrovano con piani troppo ambiziosi che non possono essere portati a termine a causa di fattori produttivi insufficienti.

In ogni periodo di *boom* che precede una crisi, in Gran Bretagna e, più tardi, in altre parti del mondo, anzi, in ogni Paese del mondo che ha sperimentato l'espansione del credito, vi sono sempre queste persone che dicono: «Questo *boom* non porterà a una crisi; solo chi non comprende cosa sta succedendo può dire una cosa del genere. Questa è la prosperità finale – la prosperità eterna. Non avremo mai più una crisi come in passato». Più le persone credono in questo *slogan* di prosperità eterna, più disperate diventano quando scoprono che la cosiddetta "eterna" prosperità non dura per sempre.

Una cosa che ha peggiorato la situazione dopo il 1929, rispetto ai precedenti periodi di depressione, è che i sindacati americani erano davvero molto potenti e non accettavano che la crisi portasse a quei risultati che erano la conseguenza di crisi precedenti, sia questo Paese sia in altri Paesi – cioè, non tolleravano una riduzione considerevole dei salari nominali. In alcuni rami dell'economia, i salari nominali sono scesi un po', ma, in generale, i sindacati sono riusciti a mantenere protetti gli stipendi che erano stati aumentati artificialmente durante il *boom*. Il numero dei disoccupati è rimasto, quindi, significativo e l'alto livello di disoccupazione è durato per molto tempo. D'altra parte, i lavoratori che non hanno perso il lavoro hanno goduto di una situazione in cui i loro salari non sono scesi nella stessa misura dei prezzi delle materie prime. Le condizioni di vita di alcuni gruppi di lavoratori sono addirittura migliorate[35].

Questa è stata la stessa situazione che ha portato alle difficili condizioni in Inghilterra nell'ultima metà degli anni Venti. Tali condizioni sono state poi fondamentali allo sviluppo delle dottrine di Lord Keynes e delle idee di espansione creditizia che sono state messe in pratica negli ultimi anni. Il governo britannico ha commesso un errore molto grave negli anni Venti: era indispensabile che la Gran Bretagna stabilizzasse la moneta, ma non si sono accontentati di stabilizzarla. Nel 1925, hanno deciso di ritornare al valore prebellico della sterlina – alla parità aurea che vi era prima della Prima guerra mondiale. Ciò significava che la sterlina era diventata più forte, che il suo potere d'acquisto era diventato molto più elevato

---

[35] Si veda Ludwig von Mises, "The Causes of the Economic Crisis" (1931) in Percy L. Greaves, Jr., ed., On the Manipulation of Money and Credit: Essays of Ludwig von Mises (Dobbs Ferry, N.Y.: Free Market Books, 1978), pp. 173–203, esp. pp. 186–92.

rispetto a quello che aveva nel 1920.

Un Paese come la Gran Bretagna, che importa materie prime e prodotti alimentari ed esporta manufatti, non avrebbe dovuto aumentare il valore della sterlina. Come disse Hitler: «Devono esportare o morire di fame». In un Paese come la Gran Bretagna, in cui i sindacati non tolleravano una riduzione dei salari, ciò significava che i costi dei prodotti manifatturieri, in sterline, erano aumentati in relazione ai costi di produzione in Paesi che non avevano promosso un simile ritorno al *gold standard*. Dato l'aumento nei costi, divenne necessario fare prezzi più alti per rimanere in attività. Allo stesso tempo, con l'aumento nei prezzi, si vendevano meno merci e la produzione subì conseguenti tagli. Pertanto, la disoccupazione aumentò, e s'instaurò una disoccupazione massiccia permanente.

Dal momento che era impossibile negoziare con i sindacati, nel 1931 il governo iniziò a svalutare la sterlina molto più di quanto fosse stata forzosamente apprezzata nel 1925. Lo scopo, si diceva all'epoca, era quello di incoraggiare le esportazioni. Altri Paesi hanno fatto lo stesso. La Cecoslovacchia lo ha fatto ben due volte. Gli Stati Uniti hanno seguito tale esempio nel 1933. I Paesi dello *standard* francese (Francia, Svizzera) hanno accompagnato gli altri nel 1936. Ci tengo a citare questo esempio storico in quanto è necessario capire perché la crisi del 1929 – che era solo una crisi di espansione del credito - ha avuto conseguenze molto più lunghe e molto più gravi di quelle che vi erano state in epoche precedenti. Evidentemente, dicono i marxiani, ogni crisi deve per forza essere più severa della precedente; i marxiani dicono sempre che i sovietici non soffrono con i cicli economici, non ce l'hanno. Io dico: è ovvio che non ce l'hanno, hanno una perenne depressione.

Dobbiamo renderci conto dell'enorme importanza "psicologica" del fatto che l'espansione del credito rimase limitata durante l'intero periodo dell'Ottocento e del Novecento. Ciononostante, fu l'opinione generale degli imprenditori, degli economisti, degli uomini di Stato e del popolo in generale che l'espansione del credito bancario fosse necessaria, che il tasso d'interesse fosse un ostacolo alla prosperità e che una politica di "soldi facili" fosse una buona pratica da mantenere. Tutti, uomini d'affari ed economisti, consideravano l'espansione creditizia necessaria e si arrabbiavano enormemente se qualcuno cercava di argomentare che una tale cosa avrebbe potuto incontrare qualche inconveniente. Alla fine del XIX secolo, fu considerato praticamente indecente sostenere la *British Currency School*, che si opponeva all'espansione del credito.

Quando ho iniziato a studiare la teoria del denaro e del credito ho trovato in tutta la letteratura mondiale un solo autore vivente, un economista svedese, Knut Wicksell (1851-1926), che riusciva davvero a vedere i problemi delle politiche di espansione del credito[36]. Ancora oggi prevale l'idea secondo la quale non possiamo fare a meno dell'espansione del credito. Sarà impossibile, senza una lotta intellettuale molto seria, che va davvero com-

---

36 Knut Wicksell, Interest and Prices (New York: Macmillan, [1898] 1936)

battuta, sconfiggere tutte quelle forze ideologiche che operano a favore dell'espansione del credito. La maggior parte delle persone, indubbiamente, non passa il proprio tempo a pensare all'espansione creditizia, ma i governi hanno un'idea molto chiara a questo proposito: «Non possiamo farne a meno».

L'espansione del credito è fondamentalmente un problema di diritti civili. Il governo rappresentativo si basa sul principio che i cittadini devono pagare allo Stato solo quei tributi che sono stati promulgati legalmente, secondo il rito costituzionale: "*No taxation without representation*" (in italiano, "Nessuna tassazione senza rappresentanza"). Tuttavia, i governi credono di non poter chiedere ai propri cittadini di pagare, in tributi, quanto necessario per coprire l'intera spesa statale. Quando i governi non possono coprire le loro spese con i tributi legalmente promulgati, prendono in prestito dalle banche commerciali e così espandono il credito. Dunque, il governo rappresentativo può effettivamente essere il fomentatore dell'espansione del credito e dell'inflazione.

Se l'istituto dell'espansione del credito e gli altri tipi di inflazione governativa fossero stati inventati nel XVII secolo, la storia della lotta degli Stuart contro il Parlamento britannico sarebbe finita molto diversamente. Carlo I (1600-1649) non avrebbe avuto problemi ad ottenere il denaro di cui aveva bisogno se avesse semplicemente ordinato alla Banca d'Inghilterra (che non esisteva al suo tempo) di concedergli il credito. Sarebbe stato, allora, in grado di organizzare un esercito del Re e di sconfiggere il Parlamento. Questo è solo un aspetto.

Il secondo aspetto è che non credo che questo Paese possa sopportare psicologicamente il ripetersi di una crisi come quella del 1929. E l'unico modo per evitare una crisi simile è quello di prevenire il *boom*. Siamo già molto avanti in questo attuale *boom*, ma potremmo comunque fermarlo in tempo. Tuttavia, vi è un grande pericolo: mentre i beni capitali sono limitati in quantità e scarseggiano – e quindi limiterebbero quei progetti che possono essere eseguiti –, l'espansione del credito può "occultarsi" attraverso l'illusione di un aumento del capitale riportato in dollari sui libri contabili. Dunque, l'espansione del credito crea l'illusione del capitale disponibile, quando in realtà non vi è.

Il problema fondamentale dell'Ottocento era che le persone non si rendevano conto di ciò. Dato che le persone credevano che il verificarsi quasi periodico di depressioni fosse un fenomeno del capitalismo, tale sistema era molto screditato. Marx e i suoi seguaci si aspettavano che le depressioni si aggravassero progressivamente, e Stalin lo dice apertamente e quotidianamente ancora oggi: «Dobbiamo solo aspettare. Vi sarà una crisi molto grave nei Paesi capitalisti». Se vogliamo contrastare questi piani, dobbiamo renderci conto che una sana politica del credito riconosce il fatto che vi è una scarsità di beni capitali e che il capitale non può essere semplicemente aumentato attraverso l'espansione del credito. Questo deve essere riconosciuto dai nostri imprenditori e dai politici.

***

[Ulteriori commenti di Mises durante la sessione di domande e risposte]

Ciò che è accaduto in passato con l'espansione del credito è stato, nel complesso, assorbito e adeguato dal mercato. Direi di prendere come "date" le condizioni che sono avvenute in passato, e dico solo che, per il futuro, *non ci dovrebbero essere più espansioni creditizie*. In futuro non dovrebbero essere emesse banconote addizionali, non dovrebbero essere registrate su un conto bancario soggetto a controllo, *a meno che non vi sia una copertura del 100% in denaro*. Questo è il piano 100%. Per quanto riguarda la situazione attuale, dovremmo lasciar perdere tutto ciò che è accaduto in passato – non dovremmo tentare di invertirlo perché farlo sarebbe deflazionistico. La deflazione non è così pericolosa, non è così grave come l'inflazione. La deflazione è costosa per il governo, mentre l'inflazione è redditizia per il governo. Ma anche la deflazione deve essere evitata.

Se non vi fossero state banche privilegiate e se il governo non avesse costretto i cittadini a prendere le banconote rendendole "moneta a corso legale", queste non sarebbero mai diventate popolari. Il cittadino medio, ad eccezione dei Paesi più arretrati, considera denaro ogni pezzettino di carta sul quale il governo, o un'istituzione privilegiata dal governo, ha stampato le seguenti parole magiche: "moneta a corso legale". Ma in passato era diverso, non era facile far accettare le banconote alle persone. Esse cominciarono ad accettarle perché a un certo punto erano meglio di niente. Se una persona non avesse voluto averle, avrebbe potuto riportarle alla banca responsabile dell'emissione; e se la banca non avesse potuto riscattarle, sarebbe andato in bancarotta. La caratteristica "meravigliosa" delle banconote emesse dallo Stato, dal punto di vista dello Stato e delle banche, è che la banca non è tenuta a riscattarle, eccetto forse in moneta a corso legale, che sono di nuovo banconote.

Se i governi non avessero mai interferito con il denaro e con il sistema bancario, sarebbe stato possibile lasciare ogni cittadino libero di emettere le proprie banconote. Voglio dare a tutti il diritto di emettere le proprie banconote. Il problema sarebbe allora quello di far accettare ad altri uomini queste banconote private; forse nessuno le prenderebbe. Ecco, non sono contrario alle banconote in quanto tali; sono contrario solo a quelle che sono protette da qualche privilegio statale. Voglio che le banconote emesse in passato conservino il loro privilegio, *ma basta banconote a corso legale e basta espansione del credito*!

Se dico che il ritorno al *gold standard* è necessario è perché esso rende impossibile l'inflazione. Sotto il *gold standard* l'importo di denaro dipende da fattori geologici che non possono essere controllati dal governo. Non è uno standard irragionevole, perché è l'unica alternativa al denaro completamente dipendente dal governo. Se re Carlo I [1600-1649] avesse avuto il potere di stampare cartamoneta probabilmente sarebbe stato in una posizione molto migliore nella sua lotta contro il governo.

Sotto il *gold standard*, l'offerta di denaro è indipendente dai capricci fugaci e dai programmi politici dei governi e dei partiti politici. Per secoli vi furono lotte da parte dei predecessori dei nostri organi parlamentari contro i prìncipi che volevano svalutare la moneta. I principi dissero: «Ciò che conta è solo il nome che io conferisco ai soldi». Ma le loro monete d'argento acquisirono una "faccia rossa" quando i prìncipi le adulterarono con il rame, dichiarando, al contempo, che la nuova lega metallica monetaria, anche se conteneva meno argento rispetto a prima, conservava ancora lo stesso potere d'acquisto e lo stesso valore corrente. Se il governo è in grado di provvedere ad alcune delle sue spese attraverso la creazione di denaro, non avrà più quella relazione di dipendenza, diciamo, nei confronti del Congresso. Storicamente e politicamente, il *gold standard* è uno strumento fondamentale di un sistema normativo che limita il potere dello Stato e rende il governo di turno dipendente dalla volontà del popolo.

PROFITTI, PERDITE, PROPRIETÀ PRIVATA E CONQUISTE DEL CAPITALISMO

Nell'affrontare tutte le materie che riguardano il capitalismo è fondamentale non dimenticare mai la differenza tra "beni capitali" e "capitale". I "beni capitali" sono cose fisiche. Il concetto di "capitale", invece, è una definizione puramente teorica nell'ambito di un determinato metodo di calcolo e di computazione. L'evoluzione di questo concetto ha infine portato all'inclusione del concetto contabile di capitale, del concetto di audit, e anche di quelle cose che non sono beni capitali.

Il sistema di contabilità è iniziato, naturalmente, con gli imprenditori. Ansiosi di sapere quali fossero i risultati delle loro transazioni, hanno sviluppato alcuni metodi contabili, quali la partita doppia etc. Il concetto di capitale che applicavano si riferiva, e comprendeva, solo quei fondi che avevano dirottato verso lo sviluppo del *business*. Non comprendeva i beni immobili o la proprietà privata del capo dell'impresa, della sua famiglia etc. Si può ancora leggere nei trattati giuridici e nei *papers*, saggi che discutono se il capitale privato del proprietario debba essere incluso o meno nel bilancio di un'impresa. Secondo i metodi in uso nella pratica contabile, il concetto di capitale, così come viene utilizzato oggi, comprende i beni immobili e tutti i diritti di proprietà dell'impresa.

Perfino gli agricoltori hanno cominciato a prestare attenzione a questi problemi, ma solo molto più tardi. All'inizio, hanno sviluppato metodi di contabilità che si limitavano al solo funzionamento dell'azienda agricola, senza includere l'intero possedimento del proprietario. Cito questi fatti perché, se si guarda il bilancio di un'impresa, vi è spazio per l'edificio, per i bene immobili di sua proprietà. Il concetto di capitale, così come viene usato oggi, comprende più che i beni capitali, comprende tutte le cose di proprietà dell'impresa.

Da questo punto di vista, dobbiamo chiederci anche se vi sono o meno altre distinzioni che possono essere rivestite di maggiore importanza per i problemi pratici del capitale. Se parliamo di capitale, abbiamo in mente tutti i fattori materiali di produzione nella misura in cui possono essere utilizzati a scopi o fini produttivi.

Se parliamo delle decisioni che possono essere prese in merito all'impiego del capitale, dobbiamo tener conto del fatto che la maggior parte del capitale disponibile è incorporato in beni non convertibili o non perfettamente convertibili. I beni capitali sono fattori intermedi tra i beni naturali e beni di consumo finali. In un mondo che cambia, un mondo nel quale i processi produttivi e tutto il resto mutano costantemente, la questione è se possiamo utilizzare questi prodotti intermedi, che sono stati originariamente progettati per un uso finale specifico, per un qualsiasi altro scopo. È possibile, dopo un cambiamento di piani e di intenzioni, utilizzare per altri scopi il capitale che è stato accumulato o prodotto in passato con diversi piani e/o diverse intenzioni in mente? Questo è il problema della convertibilità di beni capitali.

Da più di cento anni, un movimento popolare in tutto il mondo – oggi soprattutto in California –, è rappresentato da un gruppo di riformatori che si definiscono "tecnocrati". I tecnocrati criticano il fatto che vi siano ancora, affiancati ai più moderni metodi di produzione, processi di produzione di carattere obsoleto. E non sono gli unici a criticare questo fatto. Essi sottolineano quanto sarebbe bello se eliminassimo tutto ciò che chiamano "arretratezza economica", se avessimo tutte le fabbriche situate nei posti migliori e se queste fossero anche dotate delle più moderne attrezzature. Non vi sarebbe più alcuna arretratezza, non vi sarebbero più macchine e metodi di produzione che non siano i più moderni ed efficienti. Vi era un tedesco, o un russo – forse è meglio dire un baltico – socialista che fece notare, ad esempio, come l'agricoltura tedesca fosse arretrata. Egli avrebbe abbandonato, o ridotto al minimo, tutte le aziende agricole e le macchine esistenti e le avrebbe sostituite con le più moderne innovazioni nel campo dell'agricoltura. A questo punto, diceva, sarebbe possibile produrre tutto a minor costo.

Il punto debole di questi piani è che i beni capitali rappresentano la saggezza tecnica delle epoche in cui era stato accumulato il capitale che ha dato forma ai beni stessi. Anche se le fabbriche sono obsolete, ciò non significa necessariamente che le vecchie macchine debbano essere vendute come rottami di ferro e sostituite da nuove macchine. Tutto dipende dalla superiorità delle nuove macchine. A meno che non sia impossibile per la vecchia fabbrica avere un *surplus* rispetto alle spese correnti, sarebbe uno spreco promuovere una tale sostituzione – e non solo dal punto di vista del singolo proprietario della fabbrica, ma anche dal punto di vista di un possibile sistema socialista che dovrebbe affrontare una simile situazione. Il problema è analogo a quello di un uomo che deve scegliere tra l'acquisto di una nuova macchina da scrivere o di un nuovo televisore perché sono uscite versioni migliori di tali prodotti, o l'acquisto di un altro bene che non possiede affatto. Così come non tutti si libereranno della vecchia macchina da scrivere o dell'auto quando uscirà un nuovo modello, similmente un imprenditore dovrà prendere decisioni equivalenti negli affari. Mentre in casa non sono necessari calcoli precisi, negli affari queste decisioni vengono prese sulla base di calcoli più meticolosi.

Gli strumenti fondamentali che costituiscono la ricchezza della nostra epoca, e che rendono anche un Paese più ricco rispetto ad altri, si incarnano in beni capitali creati in passato dai nostri antenati, o addirittura da noi stessi in condizioni tecniche diverse e per scopi diversi. Se vogliamo continuare a usare questo vecchio capitale anche in futuro, nonostante il fatto che non sia così produttivo quanto le nuove attrezzature, lo facciamo perché riteniamo che la sua produttività valga più di quanto possiamo guadagnare buttando via le vecchie macchine e sostituendole con nuove macchine.

L'insediamento del mondo ebbe luogo in altre epoche, con altri presupposti e in altre condizioni, oltre che con altre conoscenze tecniche. Se dovessimo arrivare sulla Terra da un altro pianeta, con una perfetta conoscenza delle condizioni geografiche attuali, sistemeremmo il mondo con l'uso di quest'altra conoscenza – che è, appunto, molto diversa da quella che è responsabile dei nostri attuali beni capitali. In passato, la nostra ricchezza consisteva in una grande quantità di beni capitali adattati a condizioni diverse dalle nostre. Le decisioni del passato si basavano sulle condizioni di allora. Il fatto che i nostri antenati abbiano preso proprio quelle decisioni aiuta a influenzarci a mantenere le cose così come sono, perché non varrebbe la pena abbandonare gli investimenti del passato. In ogni caso specifico, dobbiamo prendere una decisione tra continuare a usare i vecchi metodi, nonostante abbiamo ora più conoscenze, o rinunciarvi per impiegare in un qualche altro modo beni capitali aggiuntivi che ora consideriamo più importanti.

In risposta ai tecnocrati, diciamo che non siamo abbastanza ricchi da poter demolire tutto ciò che è stato costruito in passato. Forse sarebbe meglio avere i centri industriali da un'altra parte piuttosto che dove sono stati costruiti in passato. Ma questo trasferimento, questo spostamento, è un processo molto lento. Dipende tutto dalla superiorità dei nuovi siti. Questa è una confutazione della famosa teoria dell'industria nascente, che dice che le nuove industrie devono essere protette dalle vecchie industrie. Anche in questo caso – ovvero, nel caso del passaggio delle industrie da siti meno favorevoli a quelli più favorevoli – la decisione deve dipendere dal livello di superiorità dei nuovi siti. Se la superiorità dei nuovi siti è sufficiente, le industrie si trasferiranno senza alcuna assistenza esterna. Se non è sufficiente, è uno spreco assistere le industrie a promuovere un tale spostamento. (Ad esempio, le industrie tessili si svilupparono nel *New England*, anche se il cotone era coltivato nel sud. Più recentemente, le fabbriche tessili si sono spostate verso sud, sempre senza alcuna assistenza esterna). Se il vantaggio che si può ottenere dall'abbandono dei beni capitali è già sufficientemente grande, il cambiamento sarà fatto.

Arretratezza tecnica non è la stessa cosa di arretratezza economica. Se il capitale necessario per eliminare questo ritardo tecnico, dal nostro punto di vista o dal punto di vista del pubblico acquirente, è impiegato con più urgenza da un'altra parte, allora sarebbe un errore molto grave, dal punto di vista economico, impiegarlo per modernizzare le attrezzature esistenti semplicemente perché vi sono macchine migliori.

I beni capitali sono scarsi. Il problema economico consiste proprio nel fatto che i consumatori cercano di impiegarli per soddisfare le loro richieste più urgenti non ancora soddisfatte. In altre parole, il problema economico non consiste nell'impiegare beni capitali per produrre una merce meno importante di un'altra, che comunque ora non può essere prodotta proprio a causa del fatto che tali beni capitali sono impiegati nella produzione della merce meno importante. Questo è ciò che significa "non redditività". Un imprenditore dice: «Questo non è redditizio. Il progetto potrebbe essere intrapreso, ma non sarebbe redditizio. Pertanto, non vogliamo iniziarlo». Ciò che i socialisti dicono è: «Ma gli imprenditori sono avidi, vogliono produrre solo le cose che sono redditizie, non quelle che non lo sono». Tuttavia, ciò che rende un'impresa non redditizia è che, considerati i prezzi dei fattori di produzione e il tasso di interesse, i proventi previsti sarebbero inferiori alle spese.

Cosa significa se il prezzo del rame è più alto di quello di una volta? Significa che i consumatori sono disposti a pagare un prezzo più elevato per ottenere il rame che viene usato nella fabbricazione di altri prodotti; non sono disposti, invece, a pagare un prezzo più alto per il rame nei suoi impieghi attuali. I prezzi salgono in modo da rendere redditizia la produzione di altri prodotti. D'altra parte, se vi è un aumento dell'offerta di rame, o se alcuni settori aziendali che hanno usato il rame fino ad ora iniziano a impiegare qualcos'altro al suo posto nella produzione, allora il rame diventa più facilmente disponibile, il suo prezzo si riduce e diventa nuovamente redditizio utilizzarlo per produrre alcuni beni che ieri non era redditizio produrre. In definitiva, sono i consumatori, nelle loro compravendite, a determinare cosa dev'essere prodotto o meno.

Quando l'alluminio fu introdotto per la prima volta, molte cose non potevano essere prodotte usando tale materiale perché il suo prezzo era molto elevato. Napoleone III (1808-1873) ebbe subito l'idea di dare alla sua cavalleria delle armature d'alluminio, ma erano così costose all'epoca che sarebbe stato più economico dar loro delle armature d'argento. Quando ero bambino, l'alluminio veniva usato per produrre dei giocattoli per bambini, ma l'uso industriale serio dell'alluminio era più o meno fuori questione. Lentamente la produzione di alluminio è migliorata e l'uso di questo metallo per svariati articoli è diventato possibile. Insomma, anni fa usare l'alluminio non era redditizio così come lo è oggi usare un qualsiasi metallo di alta qualità per determinati fini commerciali.

Lo slogan "produzione per uso e non per profitto" è

totalmente privo di senso. Un uomo d'affari produce per profitto, ma può farlo solo perché i consumatori vogliono usare le merci che realizza – solo perché vogliono usarle più urgentemente rispetto ad altre.

Se non vi fossero profitti e perdite, non vi sarebbe nulla volto a indirizzare la produzione. Sono i profitti o le perdite che mostrano agli imprenditori ciò che i consumatori chiedono più urgentemente, in quali qualità e in quali quantità. In un sistema in cui non vi fossero profitti o perdite, l'uomo d'affari non saprebbe quali sono i desideri dei consumatori e non sarebbe in grado di organizzare i suoi processi di produzione in base alle loro esigenze.

Oltre a questa funzione, i profitti e le perdite svolgono un altro ruolo: trasferiscono la proprietà dei mezzi di produzione nelle mani di coloro che sapevano – ovviamente in passato, o, più nello specifico, fino a ieri – come impiegarli al meglio. Questa non è una garanzia che i mezzi di produzione saranno impiegati in maniera ottimale anche un domani. Ma resta il fatto che, se non lo saranno, i proprietari subiranno delle perdite; e se non cambiano i loro metodi di produzione, perderanno la loro proprietà e saranno destituiti dal loro eminente ruolo di proprietari dei fattori di produzione. Ma queste considerazioni sono qualcosa di dato, nel senso che si tratta di un qualcosa che non può essere cambiato. Ogni giudizio sulle persone si riferisce al passato. Un candidato in un'elezione può essere giudicato solo in base a ciò che ha fatto in passato. Lo stesso si applica anche alla scelta di un dottore, di un negozio, di produttori, etc. È una questione di buona fede riferirsi al passato.

I profitti del passato spostano la proprietà dei mezzi di produzione dalle mani di coloro che erano meno efficienti nell'usarli, agli occhi dei pubblico, nelle mani di coloro che ci si aspetta siano più efficienti. Dunque, il significato di proprietà dei mezzi di produzione è molto diverso in un sistema basato sulla divisione del lavoro rispetto a un sistema feudale. In un sistema feudale, la proprietà privata veniva acquisita attraverso la conquista o l'appropriazione arbitraria di appezzamenti di terra. Il proprietario era il conquistatore; il conquistatore supremo era il capo del l'esercito, il re, il "*Führer*". Altre persone hanno ricevuto le loro proprietà come dono del signore supremo. Vi era un'intera gerarchia – re, duchi, cavalieri, e così via –, e sul gradino più basso vi erano le persone senza proprietà. I duchi e i cavalieri potevano perdere le loro proprietà se venivano privati del loro "dono" per decisione dell'autorità superiore – il re –; oppure potevano essere sconfitti da un conquistatore di successo. Questo sistema prevalse fino a quando il capitalismo lo sostituì in diversi gradi in molto Paesi.

Nello studiare la storia della proprietà privata della terra è possibile, ovviamente, risalire fino alla conquista o all'appropriazione, da parte di qualcuno, di una proprietà priva di un padrone. Partendo da questo presupposto, i vecchi critici della proprietà privata dicevano che la proprietà non aveva alcuna origine legale, che era stata acquisita con la forza, la conquista o un altro metodo senza basi legali. Pertanto, dicono di volerla sottrarre agli attuali proprietari e restituirla a tutti. L'esattezza dell'origine qui descritta può essere giusta o meno, e questa sarebbe una questione. Intanto un'altra domanda è: «cosa fare ora che la proprietà è privata?».

I socialisti si impossessarono di questa critica all'origine della proprietà senza rendersi conto dell'enorme differenza che esisteva tra quell'epoca e i giorni attuali. Se si sostenesse che ai vecchi tempi i proprietari terrieri non dipendevano dal mercato, tale affermazione sarebbe vera, dato che non vi era un mercato – o, semmai, vi era un mercato molto insignificante. Il signore feudale aveva un solo modo di spendere il suo grande reddito derivato dai prodotti della terra: mantenere una grande compagnia di uomini armati per combattere le sue battaglie. La corte di un signore feudale consisteva in un'enorme famiglia in cui vivevano molte persone (pensionati, oserei dire) mantenute dalla grande proprietà. Nel Brandeburgo a Berlino, ad esempio, vi fu un caso di un consigliere comunale del XVI secolo che viveva nella casa del re. Ciò è molto diverso dalle condizioni esistenti nell'economia di mercato.

Nell'economia di mercato, la proprietà privata possiede, se vogliamo, una funzione sociale, perché può essere mantenuta e ampliata solo se il proprietario serve i consumatori nel modo più economico e migliore possibile. Chi non è in grado di servire i consumatori secondo questo modello subisce delle perdite. Se non cambiano i loro metodi di produzione in un determinato lasso di tempo, vengono destituiti dai loro ruoli di proprietari, imprenditori, capitalisti, etc. e spostati in posizioni in cui non potranno più esercitare attività imprenditoriali e capitalistiche. Dunque, il significato di proprietà privata nel sistema capitalistico è completamente diverso da quello di proprietà privata nel sistema feudale.

I critici della proprietà privata vivono mentalmente ancora nel Medioevo – stanno insieme ai critici degli interessi e dei creditori. Non si rendono conto che il mercato determina ogni giorno chi deve possedere cosa e quale misura. Il mercato dà la proprietà a coloro che sono più adatti a utilizzare i mezzi di produzione per assicurare la miglior soddisfazione dei bisogni dei consumatori. Di conseguenza, non è corretto criticare le istituzioni di proprietà privata citando le condizioni che esistevano all'inizio, sotto le condizioni feudali o sotto il potere di re assoluti.

Come ha detto il presidente Franklin Roosevelt (1882-1945), il capitalismo non è mai stato veramente provato[37]. Rimane sempre qualche residuo dei vecchi tempi, ma è assolutamente inutile dire oggi: «Guarda come la ricchezza di molte famiglie aristocratiche è originata nel XVII secolo». Alcuni benestanti moderni possono essere discendenti di ricche famiglie aristocratiche, ma che importanza ha una cosa del genere rispetto alla situazione odierna? I *Junkers* prussiani erano ancora privilegiati nell'Ottocento e all'inizio del Novecento; potevano conservare le loro proprietà solo perché l'intero apparato del governo imperiale era lieto di preservarle, di proteggerle e di impedire che i consumatori mettessero al loro posto persone meglio attrezzate per servirli.

---

[37] «La tesi primaria di questo programma non è che il sistema del libero mercato abbia fallito in questa generazione, bensì che non sia stato ancora messo in pratica». F. D. Roosevelt, come citato nel capitolo 1, Friedrich A. Hayek, The Road to Serfdom (Chicago: University of Chicago Press, 1944), p. 10.

Dobbiamo renderci conto che ogni misura governativa che abbassa l'ammontare dei profitti che le imprese di successo possono realizzare – o che ne tributa gli utili – è una misura che indebolisce l'influenza dei consumatori sui produttori. Ad esempio, le grandi fortune industriali del XIX secolo furono acquisite da innovatori di successo nel loro settore di mercato. Henry Ford (1863-1947) iniziò praticamente da zero; realizzò enormi profitti che furono reinvestiti nella sua impresa; in questo modo, in un tempo relativamente breve, sviluppò una delle più grandi fortune degli Stati Uniti.

Il risultato fu la nascita di un nuovo settore di mercato, quello della produzione massiccia di automobili per le masse. All'inizio del XX secolo vi erano alcune automobili di successo. La Renault francese costava circa 10.000 dollari in oro; era un'auto di lusso per pochissimi uomini molto ricchi. Le attività di Ford e di alcune altre persone resero l'automobile un prodotto accessibile a tutti. Così furono sviluppate le grandi fortune, i magazzini e le grandi fabbriche. Ma attualmente non possono succedere storie simili. Se un uomo apre una piccola impresa e riesce a ottenere ingenti utili, la maggior parte di questi verrà assorbita dai tributi. Tuttavia, vi sono ancora delle scappatoie: chi ha un buon commercialista può evitare di essere espropriato del 90% e magari sarà espropriato solo del 70%. Ma la maggior parte dei profitti, che sarebbero stati reinvestiti nell'attività, vengono sottratti dallo Stato e usati per finanziare spese correnti.

Nel caso particolare dei grandi magazzini, un tempo un vecchio negozio doveva competere per i potenziali nuovi consumatori con nuovi concorrenti. Oggi non è più così. L'imprenditore piccolo non diventerà mai il proprietario di un grande negozio, perché i suoi profitti gli vengono sottratti dallo Stato. È vero che il vecchio e il nuovo negozio operano secondo le stesse leggi; il grande vecchio negozio deve anche pagare un valore più elevato di imposte sul reddito. Ma il vecchio negozio ha già accumulato il capitale necessario per diventare una grande impresa, mentre il nuovo imprenditore non potrà accumulare il capitale necessario per espandersi fino a diventarne una grande impresa. La conseguenza, quindi, è che lo spirito competitivo potrebbe facilmente scomparire dalla gestione del grande magazzino. Senza alcun pericolo per il vecchio negozio nello svolgimento dei suoi affari, il vecchio negozio può a volte diventare "pigro".

Vi sono persone che dicono che il capitalismo stia morendo perché lo spirito della concorrenza non esiste più come una volta e perché le grandi imprese diventano "burocratiche". Ma il capitalismo non sta morendo, le persone lo stanno uccidendo. Vi è una differenza tra morire in decorrenza di una malattia che, alla fine, porta alla morte, e morire dopo aggressioni che risultano nella morte. È fantastico usare come argomento contro il capitalismo il fatto che lo spirito competitivo nel mondo degli affari si sta indebolendo e che le imprese a volte stiano diventando burocratiche. Questo accade precisamente per il fatto che le persone stanno combattendo contro il sistema capitalistico e non vogliono tollerare le istituzioni che sono essenziali alla sua esistenza. Detto ciò, devo dire qualcosa sulla differenza tra i profitti e le perdite sotto la gestione aziendale, da un lato, e sotto la gestione burocratica, dall'altro.

La gestione dei profitti e delle perdite è il segno di un'impresa, il segno di un'azienda che è soggetta alla supremazia del mercato, ovvero alla supremazia dei consumatori. In questo modello, il fattore determinante dipende dalla seguente domanda: «È redditizio o no?». Questo criterio si applica non solo all'intera impresa, ma anche ai suoi singoli settori. È il metodo della partita doppia che Goethe caratterizzò in modo così meraviglioso dicendo che rende possibile all'uomo a capo di un'organizzazione il controllo di ogni aspetto di un'azienda senza farsi coinvolgere troppo dai dettagli.

Con un tale sistema di contabilità è possibile stabilire se un qualche settore – o filiale – è redditizio. Ad esempio, un'impresa di New York ha una filiale a San Francisco. Il capo dell'azienda di New York deve applicare un singolo standard di valutazione: «questa filiale è redditizia?». Esiste un bilancio speciale per la filiale di San Francisco e perciò gli basta controllare i libri contabili, assegnare il capitale necessario, confrontare i costi e i prezzi di questa filiale in particolare, e, in base a questi fondamenti, potrà giudicare se è utile o meno, se è redditizio o meno, per l'intera impresa mantenere aperta una filiale a San Francisco. Può lasciare tutti i dettagli sotto la responsabilità del capo della filiale di San Francisco, perché quest'uomo sa di essere il responsabile regionale. Non è necessario che il direttore di filiale ottenga una quota del profitto. Sa molto bene che se la filiale non rimane redditizia verrà chiusa ed egli perderà il suo lavoro; il suo futuro dipende da questo ramo dell'azienda. Pertanto, il capo dell'azienda di New York non deve dire a questo direttore di filiale a San Francisco altro che «Fai profitti!». Il capo newyorkese non interferisce, perché, se lo fa e la filiale ha perdite, il direttore della filiale potrà dire che è stato perché: «Mi hai ordinato tu di farlo», etc.

I consumatori sono sovrani. I consumatori non sono sempre intelligenti – per niente –, ma sono comunque sovrani. Possono essere stupidi e possono cambiare idea, ma dobbiamo accettare il fatto che sono sovrani. Gli imprenditori sono soggetti alla supremazia dei consumatori. La stessa regola vale, evidentemente, per l'intero *establishment* imprenditoriale; la voce decisiva è quella dei consumatori. Non spetta a dei produttori o ai fabbricanti criticare i consumatori dicendo: «Queste persone hanno pessimi gusti. Consiglio loro di comprare qualcos'altro». Questo è il compito dei filosofi e degli artisti. Un grande pittore, un grande leader, un uomo che vuole avere un ruolo nella Storia non deve cedere al cattivo gusto dei consumatori. Tuttavia, gli imprenditori sono soggetti a una gestione del profitto e delle perdite e sono guidati in ogni dettaglio dai desideri dei consumatori. I consumatori sono sovrani e il semplice fatto che stiano comprando un prodotto è già una giustificazione per il produttore. Se non viene indebolita dall'interferenza del governo, questa è una gestione del profitto e delle perdite, questa è la produzione per i consumatori.

Ora, cos'è la gestione burocratica? Spesso si confonde la grandezza con la burocrazia. Anche un uomo eminente come Max Weber (1864-1920) pensava che il fattore essenziale di una burocrazia fosse che le persone si sedessero alle scrivanie e avessero numerose scartoffie da sbrigare. Ma questa non è la sua caratteristica essenziale. La caratteristica di una burocrazia è che questa si occupa di cose che sono necessarie ma che non possono essere vendute e che non hanno un prezzo sul mercato. Un esempio sarebbe la protezione degli individui contro i gangster e altri criminali. Questo è il compito del dipartimento di polizia ed è molto importante, a dire il vero indispensabile. Ma i servizi del dipartimento di polizia non possono essere venduti sul mercato. Pertanto, non si possono giudicare i risultati di queste operazioni di polizia nello stesso modo in cui si possono giudicare le operazioni di una fabbrica di scarpe. Il calzaturificio può dire: «Il pubblico approva le nostre operazioni perché noi facciamo profitti». Il dipartimento di polizia può dire che il pubblico approva il loro operato solo attraverso le azioni del consiglio comunale, del congresso, del parlamento e così via. Pertanto, il sistema di gestione che deve essere utilizzato per un sistema di polizia è il sistema burocratico.

La nazione – o i cittadini – elegge gli organi parlamentari e questi gli organi stabiliscono quanto deve essere speso per le varie funzioni del governo, compreso il dipartimento di polizia. Non è possibile valutare in dollari e centesimi i risultati di un dipartimento di polizia. E, quindi, non si può avere la contabilità e la revisione contabile di un dipartimento di polizia come si fa all'interno di un'azienda privata. Nelle aziende private, le spese sono misurate in termini di dollari rispetto alle entrate. Nel dipartimento di polizia non è possibile misurare le spese in paragone all'introito. Il dipartimento di polizia ha solo spese. I "proventi" di un dipartimento di polizia sono, ad esempio, il fatto che si possa camminare in sicurezza per tutta la città, anche dopo mezzanotte. Tali proventi non possono essere valutati in termini di denaro.

I parlamenti fissano il budget per il dipartimento di polizia e determinano l'importo da spendere. Devono anche dire al dipartimento di polizia quali servizi devono essere svolti. L'FBI potrebbe senza dubbio essere migliorata aumentando i suoi stanziamenti, ma è la volontà del popolo che non vada oltre; il capo del Dipartimento di Giustizia dice all'FBI cosa fare e cosa non fare; tali decisioni non possono assolutamente essere lasciate a carico dei "direttori di filiale". Pertanto, il responsabile di un'operazione burocratica impartisce istruzioni su molte cose che sembrano inutili all'uomo d'affari: quante volte pulire gli uffici, quanti telefoni avere, quanti uomini devono sorvegliare un certo edificio, e così via. Queste istruzioni dettagliate sono necessarie perché in una burocrazia ciò che deve essere fatto *o meno* viene determinato secondo tali regole. Altrimenti l'uomo sul posto spenderebbe denaro senza prestare attenzione al budget totale. Se il budget è limitato, bisogna dire ai dipendenti cosa possono e cosa non possono fare. Questo si riferisce a tutti i settori della Pubblica amministrazione.

Questa è la burocrazia, e in questi settori tale sistema è indispensabile. Non si può lasciar fare al singolo dipendente; non si può dire a un individuo: «Ecco un grande ospedale. Ne faccia quello che vuole». Un limite viene stabilito dal parlamento, dallo Stato, dall'Unione e, quindi, è necessario limitare le spese di ogni dipartimento. Questo metodo di gestione burocratica non si applica nell'ambito della gestione del profitto e delle spese. Ma, indubbiamente, se si indebolisce la ricerca del profitto delle imprese private, le idee e la gestione burocratiche se ne impadroniscono.

Considerando l'attuale eccesso di tributi sui profitti, le imposte sulle società e le imposte individuali per gli azionisti delle società, molte imprese, quando calcolano una nuova spesa, dicono:

«Questo implica una spesa di cento dollari in più, ovviamente. Ma, considerando la tassa dell'82% che devo pagare sui guadagni dell'azienda, costerà molto meno. Se non spendo questi 100 dollari in affari, dovrò comunque pagare una tassa di 82 dollari. Pertanto, spendere questi 100 dollari costerà all'azienda solo 18 dollari».

Le persone che fanno calcoli in questo modo non confrontano più la spesa totale con i vantaggi che ne derivano sul mercato, bensì confrontano solo quella parte di spesa che incide sul proprio reddito. In altre parole, spendendo cento dollari per la propria attività, l'azienda potrebbe permettersi di essere sontuosa, dispendiosa o stravagante, e i desideri dei consumatori vanno messi in secondo luogo.

Se questo sistema fiscale verrà conservato, potrà condurre infine al completo controllo da parte dello Stato. Ad esempio, se il governo prendesse il 100% del reddito di una società, le sue spese commerciali sarebbero tutte deducibili e a carico del governo. L'azienda non avrebbe bisogno di preoccuparsi della sovranità dei consumatori, di sapere se i consumatori sarebbero disposti a pagare sufficientemente per il loro prodotto da coprire i costi di produzione; non avrebbe bisogno di preoccuparsi di contenere le spese. Ma successivamente il governo non potrebbe permettere all'azienda di fare quello che vuole; il governo dovrebbe controllare tutti gli aspetti delle operazioni dell'azienda. Dunque, se si sente dire che gli affari stiano diventando burocratici e dispendiosi, ciò non è la conseguenza dei grandi *business*, del capitalismo, di un sistema di mercato senza ostacoli: è la conseguenza della tassazione e dell'interferenza del governo su tutte queste cose.

Investimenti Esteri e Spirito del Capitalismo

Trecento anni fa, le condizioni economiche nel mondo erano più uniformi di quelle attuali. Vi erano alcune tribù selvagge, ovviamente, ma a parte loro la maggior parte del mondo aveva raggiunto lo stesso livello di sviluppo tecnologico e di civiltà. Poi vi fu un cambiamento radicale in alcuni Paesi: il capitalismo si sviluppò in Occidente, vi fu un processo di accumulo e di investimento di capitale, gli strumenti furono perfezionati – insomma, la Civiltà occidentale si sviluppò. Oggi vi è un'immensa differenza tra la Civiltà occidentale nei Paesi "avanzati" del mondo e le condizioni dei Paesi "arretrati".

Questa distinzione era ancora più netta nella prima metà del XIX secolo. Un uomo che avesse visitato l'Inghilterra e la Romania nel 1700 non avrebbe visto differenze notevoli nei metodi di produzione. Nel 1850, queste differenze erano enormi. In realtà, le discrepanze erano talmente notevoli all'epoca che si poteva dire, e alcuni lo credevano, che tale divario non si sarebbe mai colmato, che sarebbe rimasto per sempre.

Queste differenze esistevano perché in Occidente vi era un maggiore investimento di capitale, un investimento assai superiore. Tuttavia, questi beni capitali non sono altro che prodotti intermedi. Il vantaggio che questi Paesi avevano ottenuto rispetto ai Paesi "arretrati" era, in realtà, una questione di tempo. Le nazioni occidentali avevano iniziato prima a percorre la strada del miglioramento delle condizioni economiche. I Paesi "arretrati" dovevano ancora iniziare. Ma vi era tempo. Sarebbe stato un processo lento, ma queste nazioni arretrate avrebbero trovato l'impresa molto più facile, perché non era necessario che facessero esperimenti con metodi di produzione inefficaci. Non dovevano rifare le invenzioni, potevano semplicemente sostituirle con quelle dei Paesi occidentali. Con il tempo, tale processo avrebbe ridotto la discrepanza a livello economico, ma sarebbe rimasta ancora una certa differenza.

Non vi era alcuna segretezza riguardo alle invenzioni tecnologiche della Civiltà occidentale. I giovani più intelligenti dei Paesi "arretrati" andavano nelle scuole dell'Occidente per imparare tutto ciò che potevano sui metodi di produzione. Successivamente potevano portare la tecnologia occidentale nei loro paesi. Ma questa non era l'unica cosa. Ciò che mancava nei Paesi "arretrati" era la mentalità che aveva prodotto il capitalismo in Occidente – e le istituzioni che si sono sviluppate grazie a questa mentalità.

Il capitalismo non poteva svilupparsi nelle nazioni "arretrate" perché in tali posti il sistema capitalista non era gradito, e perché gli uomini d'affari erano esposti a pericoli che non esistevano in Occidente, dove si era affermato lo Stato di diritto. La cosa veramente importante per queste nazioni "arretrate", che si trovavano per lo più in Oriente, sarebbe stata la promozione di un cambio radicale di mentalità e l'adozione di una nuova idea di economia. Avrebbero dovuto riconoscere che maggiore è il numero di ricchi, meglio è per i poveri, dato che la presenza dei ricchi è necessaria per l'abolizione della povertà generalizzata. Ma questa idea non è entrata nelle menti di questi individui. Più erano lontani dall'Europa, meno si rendevano conto che l'essenza dello sviluppo capitalistico non erano le conoscenze tecnologiche e i beni capitali, ma la mentalità che aveva permesso alle persone di accumulare capitali e beni capitali su larga scala.

Le popolazioni delle nazioni "arretrate", soprattutto di quelle asiatiche, vedevano solo il loro ritardo tecnologico. Dato che questi Paesi avevano governi potenti, potenti nel dominare il proprio Paese, ciò che volevano prima di tutto, ciò che invidiavano più di tutto, era l'armamento superiore occidentale. Questi re dell'Est erano interessati prima di tutto ad ottenere armi migliori; erano poco interessati ad altre cose. Ma i patrioti che non consideravano la guerra come la manifestazione più importante della mente umana erano interessati alla tecnologia. Così mandarono i loro figli nelle università tecnologiche dell'Occidente e invitarono professori e industriali dell'Occidente a venire nei loro Paesi. Ma non coglievano la vera differenza tra l'Oriente e l'Occidente, la differenza di idee.

Se le persone delle nazioni "arretrate" fossero state lasciate sole, probabilmente non avrebbero mai migliorato le condizioni dei loro Paesi; probabilmente non avrebbero adottato le ideologie necessarie per trasformare i loro Paesi in Paesi "moderni". Anche se l'avessero fatto, sarebbe stato un processo molto lento, visto che sarebbero dovuti partire dalle "radici dell'albero". Per prima cosa, avrebbero dovuto accumulare capitali per costruire, diciamo, attrezzature per le miniere; dopodiché, avrebbero potuto estrarre il minerale, e a partire da questo minerale avrebbero potuto produrre metalli, poi finalmente avrebbero potuto costruire le prime ferrovie. Sarebbe stato un processo assai lungo e lento.

Ma ciò che accadde veramente fu un fenomeno che nessuno nel XVIII secolo aveva considerato. Si svilupparono gli investimenti stranieri. Considerati dal punto di vista della storia mondiale, gli investimenti stranieri furono un fenomeno molto importante: significava che i capitalisti in Occidente fornivano il capitale necessario per la trasformazione di parte del sistema economico dei Paesi "arretrati" in quello di una società moderna. Questo fenomeno era completamente inedito, era assolutamente sconosciuto in epoche precedenti. Nel 1817, quando Ricardo scrisse il suo libro *On the Principles of Political Economy and Taxation*[38], semplicemente assunse, come un dato di fatto, che non vi fossero investimenti di capitale all'estero.

L'investimento di capitale che si sviluppò nel XIX secolo fu molto diverso da quello che era avvenuto sotto il vecchio sistema coloniale a partire dal XV secolo. Nel 500, vi era una ricerca di materiali agricoli, risorse naturali e prodotti che non si potevano ottenere in Europa. Una spiegazione "sciocca" del desiderio europeo di commerciare era che le potenze coloniali erano interessate a ottenere mercati esteri per la loro produzione. In realtà, le potenze coloniali sfruttavano le colonie per ot-

---

[38] David Ricardo, Principi di economia politica e dell'imposta, Torino, UTET, 2006

tenere le materie prime; infatti erano molto contente di non dover dare nulla in scambio per le risorse di cui avevano bisogno. Questi primi coloni erano più frequentemente pirati e ladri che commercianti. Consideravano la vendita all'estero solo come una sorta di misura d'emergenza se non potevano ottenere ciò che volevano gratuitamente. Il loro interesse a investire era davvero minuscolo – volevano solo le materie prime, appunto.

Evidentemente, non potevano impedire ad alcuni cittadini del proprio Paese di insediarsi in queste colonie e di iniziare la produzione agricola. Come sottoprodotto di queste imprese coloniali del periodo tra il XV secolo e il XVIII secolo, alcune importanti colonie si svilupparono oltreoceano. Le più importanti, naturalmente, furono gli Stati Uniti; e, in secondo luogo, i Paesi latinoamericani. Ma, dal punto di vista dei mercanti e dei commercianti europei, vi era poco interesse nel fatto che alcuni membri delle classi inferiori fossero emigrati per stabilirsi definitivamente negli Stati Uniti. Per molto tempo probabilmente considerarono le isole dei Caraibi più importanti, giacché lì potevano produrre qualcosa che desideravano – lo zucchero. Gli insediamenti in America non facevano parte del vecchio sistema coloniale; si svilupparono nonostante le idee del governo, almeno non a causa loro.

Nel XVIII secolo vi era già un certo investimento nelle colonie nordamericane, ma questo non era ancora un fenomeno di grande importanza storica. I veri investimenti stranieri iniziarono a partire dal XIX secolo. Questi investimenti erano diversi da quelli dell'epoca coloniale, visto che non avvenivano in territori posseduti e governati da governi *stranieri*.

Questi investimenti esteri furono sviluppati in due modi diversi. Il primo fu l'investimento nelle colonie di proprietà delle diverse potenze coloniali, nei Paesi dipendenti dalle nazioni europee, come, ad esempio, gli investimenti britannici in India. Ma addirittura più importanti erano gli investimenti in Paesi che erano politicamente indipendenti – alcuni dei quali erano anche molto sviluppati, come gli Stati Uniti. Le ferrovie americane, ad esempio, furono costruite in gran parte con l'aiuto di capitali europei. Gli investimenti negli Stati Uniti, in Canada e in Australia erano diversi dagli investimenti in altri Paesi stranieri perché quei tre paesi non potevano essere considerati "arretrati" nel senso che mancava loro la mentalità imprenditoriale. Questi investimenti ebbero una storia molto diversa perché furono realmente utilizzati nel miglior modo possibile, e anche perché in seguito furono completamente ripagati. Negli anni 1860 e 1870, una delle più importanti opportunità di investimento per gli europei era quella di investire negli Stati Uniti.

Investire capitali in un Paese comporta, ovviamente, quello che viene chiamato "disavanzo commerciale". Gli Stati Uniti importarono capitali nel XIX secolo. Pertanto, nel XIX secolo vi era un eccesso, in generale, di importazioni negli Stati Uniti rispetto alle esportazioni dagli Stati Uniti. Tuttavia, a partire dall'ultimo decennio dell'Ottocento, gli Stati Uniti cominciarono a ripagare gli investimenti fatti dagli europei. Poi vi fu un eccesso di esportazioni rispetto alle importazioni e la bilancia dei pagamenti diventò positiva (avanzo commerciale). La differenza fu pagata dagli acquisti, da parte dei cittadini statunitensi, di azioni e obbligazioni americane che prima erano state vendute agli europei. Questo continuò fino a dopo la Prima guerra mondiale. Dopodiché gli Stati Uniti diventarono il più grande prestatore di denaro e il più grande investitore del mondo.

Il capitale proveniente dall'Europa, e più tardi dal Nord America, che arrivò in questi Paesi permise ai Paesi europei e nordamericani di espandere il loro sistema economico. Uno dei risultati di questi investimenti esteri fu che alcuni settori della produzione si svilupparono in Paesi dove non si sarebbero affatto sviluppati, o dove sarebbero stati sviluppati solo molto più tardi – e certamente non nel modo in cui è effettivamente avvenuto. Le conseguenze senza dubbio beneficiarono sia i Paesi che hanno investito sia i Paesi nei quali furono effettuati gli investimenti.

Molto presto un atteggiamento ostile agli investitori e ai creditori stranieri si sviluppò in molti dei Paesi che beneficiarono di questi investimenti. Situazioni simili accaddero in certa misura anche negli Stati Uniti. Uno dei motivi per cui gli Stati confederati non ottennero più di un piccolo prestito dall'Europa durante la Guerra civile fu che, negli archivi europei, Jefferson Davis (1808-1889) aveva una nota negativa. Prima che diventasse presidente della Confederazione, Davis aveva lavorato per ripudiare un prestito statale in Mississippi, e i banchieri europei di allora avevano una buona memoria. Tuttavia, queste cose accadevano più spesso in altri Paesi che negli Stati Uniti.

Da un lato, alcuni Paesi ebbero un'idea molto chiara

riguardo a come gli investitori e i creditori stranieri dovessero essere trattati. D'altra parte, i governi europei erano disposti a intervenire qualora tali conflitti diventassero più "caldi" – per proteggere i "diritti", come dicevano, dei loro cittadini. In realtà, i governi europei non erano molto interessati ai "diritti" dei loro cittadini. Ciò che volevano era un pretesto per una conquista coloniale. Dopo il Congresso di Vienna (1814-1815), essere un ufficiale dell'esercito in Europa che era, nel complesso, un continente in pace diventò una situazione molto spiacevole. I governi, e soprattutto i loro eserciti e le loro armate, erano ansiosi di avere successo all'estero. Volevano delle vittorie, e alcuni governi credevano che l'opinione pubblica si aspettasse tali vittorie. Se fossero andati in guerra, avrebbero potuto essere sconfitti e il loro prestigio ne avrebbe risentito. Questo portò alcuni di loro a cercare lo sfruttamento coloniale. Ad esempio, il governo di Napoleone III, che risentiva del pessimo trattamento degli investitori francesi nella Repubblica del Messico, si imbarcò nel 1860 in una grande avventura in quel Paese. All'inizio, l'avventura portò un certo successo all'esercito francese, ma il conflitto non finì come i francesi avevano sperato.

I Paesi che beneficiarono degli investimenti esteri fraintesero il significato e i vantaggi di questi. Vi era un movimento popolare contro gli investitori stranieri. In tutto il mondo venne accettato il principio della sovranità nazionale; si sostenne che una nazione esterna non ha il diritto di interferire se i diritti dei suoi cittadini in un altro Paese vengono violati. Questa venne chiamata "dottrina della sovranità". Non ci interessano le scuse legali usate per ostacolare gli investitori stranieri. Il risultato di tutto questo movimento fu che gli investimenti e i prestiti stranieri concessi a un Paese furono completamente lasciati alla mercé di ogni nazione sovrana. Questi Paesi dicevano che gli stranieri erano sfruttatori e cercavano di dimostrare l'esistenza dello sfruttamento attraverso svariate teorie che non vale la pena menzionare.

I marxiani offrirono diverse dottrine che collegavano gli investimenti stranieri all'imperialismo. Essi sostenevano che l'imperialismo è un male e deve essere abolito ad ogni costo. Queste dottrine marxiane, in particolare quelle di Rosa Luxemburg (1871-1919), non possono essere spiegate senza entrare nella teoria del valore di Karl Marx. Queste dottrine marxiane dell'imperialismo dichiaravano che l'investimento estero è dannoso sia per il Paese da cui il capitale viene esportato sia per il Paese in cui viene importato. Gli investimenti stranieri significano guerra – imperialismo significa guerra –, e perciò i Paesi stranieri sono conquistatori. Il lettore ingenuo di un giornale si stupisce molto nell'apprendere che gli Stati Uniti, che oggi sono praticamente l'unico Paese che può fare investimenti esteri, sono una potenza imperialista e che un prestito concesso dagli Stati Uniti ad un altro Paese significa un'aggressione contro quel Paese. Questa è la conseguenza di queste idee. Ma sono vere queste idee? I capitalisti di un Paese sono andati all'estero, come dichiara tale dottrina, per trattenere i capitali e i vantaggi di ulteriori investimenti di capitale dai propri cittadini?

Vediamo le motivazioni di un imprenditore capitalista individuale: perché non ha investito a casa sua? Perché credeva che investire all'estero fosse più redditizio che investire in casa propria. Perché i consumatori sul mercato interno chiedevano più urgentemente merci che potevano essere prodotte solo con l'aiuto di risorse estere di quanto chiedessero merci che avrebbero potuto essere prodotte da un'espansione delle industrie nazionali. Ad esempio, fino a poco tempo fa, l'Europa non aveva praticamente nessuna produzione di petrolio. Ad eccezione di una piccolissima quantità di qualità inferiore in Romania e in una parte dell'Impero austro-ungarico, che poi diventò parte della Polonia, non si poteva produrre praticamente alcun tipo di petrolio in Europa. Di conseguenza, invece di espandere le industrie europee quando i consumatori cominciarono a chiedere più prodotti derivati dal petrolio, divenne redditizio andare all'estero e investire lì per produrlo. Lo stesso era vero per molti altri articoli. Ad esempio, la maggior parte degli olii usati in cucina e dei saponi manufatti in Europa erano fabbricati con piante che non potevano essere coltivate nel continente. Una gran parte del consumo europeo dipendeva da materie prime che non potevano essere prodotte in Europa, o che potevano essere prodotte lì solo a costi molto più elevati.

All'inizio del XIX secolo, quando la questione era il protezionismo contro il libero commercio, la propaganda dei difensori del libero commercio in Gran Bretagna era rappresentata semplicemente da un qualsiasi tavolo per la colazione degli inglesi, sul quale tutti i prodotti venivano importati direttamente o indirettamente dall'estero. Anche se alcuni di essi venivano prodotti in patria, era con l'aiuto di fertilizzanti o foraggi provenienti dall'estero. Per produrre i beni necessari per la colazione dell'inglese medio, gli investitori europei andarono all'estero e, nel processo, svilupparono una domanda per le merci dei produttori inglesi. Dovettero anche stabilire sistemi di trasporto, porti, e così via.

Pertanto, non è semplicemente vero che i consumatori europei e poi i consumatori americani sono stati danneggiati dalle esportazioni di capitale; il capitale è stato esportato per investire nella produzione di cose che i consumatori europei e americani volevano. Le risorse interne delle nazioni europee erano purtroppo insufficienti; sarebbe stato impossibile per loro nutrire e vestire le loro popolazioni soltanto con le risorse interne. Nonostante il fatto che oggi in Inghilterra vi siano sette volte più persone rispetto all'inizio della Rivoluzione industriale[39], il tenore di vita è incomparabilmente più alto. Ciò è stato possibile solo perché sono stati investiti capitali e la produzione su larga scala è stata avviata in Inghilterra e all'estero – attraverso la costruzione di ferrovie, miniere, etc.

Alla vigilia della Seconda guerra mondiale, la struttura economica britannica era caratterizzata dal fatto che la Gran Bretagna importava circa 400.000.000 di sterline in più rispetto alle esportazioni. Il 50% di questo *surplus* veniva pagato dai dividendi e dai profitti delle imprese britanniche all'estero e dagli interessi sui titoli dei Paesi stranieri di proprietà britannica. Il tenore di vita della Gran Bretagna era determinato da questo fatto. Durante

---

[39] La popolazione dell'Inghilterra era di 41.147.938 abitanti (1952 World Almanac), contro i 6 milioni stimati nel 1750.

la Seconda guerra mondiale, una parte di questi investimenti britannici all'estero fu venduta, per lo più agli Stati Uniti, per finanziare sia la guerra sia il *surplus* di importazioni di cui i britannici avevano bisogno prima dell'inizio della *Lend-Lease*[40].

Successivamente, dopo la fine della guerra, quando la *Lend-Lease* terminò, il governo britannico dichiarò che non era più possibile sfamare il proprio popolo senza l'aiuto di un prestito americano – che era, di fatto, un dono americano. Ma anche questo non fu sufficiente. Il governo argentino espropriò le azioni della ferrovia di proprietà britannica e pagò in valuta britannica. Il governo britannico, quindi, tassò chi ricevette l'indennità dall'Argentina e usò le entrate fiscali per pagare il grano, la carne e gli altri alimenti acquistati in Argentina. Questo è un tipico caso di consumo di capitale. I risparmi del passato, furono accumulati sotto forma di ferrovie, venivano venduti per procurarsi il cibo (consumo corrente). Questo è molto caratteristico; mostra come questi investimenti stranieri erano consumati.

Ma la maggior parte degli investimenti esteri europei, compresi quelli britannici all'estero, furono semplice-

---

[40] L'*U.S. Lend-Lease Act*, dell'11 marzo 1941, ha permesso al Presidente degli Stati Uniti Stati di "vendere, trasferire il titolo di proprietà, scambiare, affittare, prestare o altrimenti disporre, a qualsiasi governo [la cui difesa il Presidente ritiene vitale per la difesa degli Stati Uniti Stati], qualsiasi articolo di difesa", comprese armi, munizioni, aerei e navi d'alto mare, macchinari, materie prime e alcuni prodotti agricoli. Gli Stati Uniti, quindi, potevano sostenere lo sforzo bellico delle nazioni alleate pur rimanendo un Paese neutrale.

mente espropriati. Agli Stati Uniti, questi espropri e ripudi non importavano così tanto, perché sono un Paese relativamente ricco e questi investimenti non ebbero un ruolo così enorme nell'economia. Inoltre, a mio parere, gli Stati Uniti stanno ancora accumulando capitale aggiuntivo. Ma per la Gran Bretagna, la Germania, la Svizzera, la Francia e altri Paesi, questo significò una notevole riduzione della loro ricchezza; avevano investito all'estero non perché volevano dare via la loro ricchezza, bensì perché volevano che quegli investimenti producessero reddito.

Vi sono molti metodi diversi di espropriazione.

1. *Il metodo comunista*: se il Paese diventa comunista, il governo dichiara semplicemente che non esiste più la proprietà privata e si impossessa di tutto senza pagare alcun risarcimento. A volte dicono pure che pagheranno, ma in pratica troveranno sempre qualche scusa per non farlo.

2. *La tassazione confiscatoria*: ovviamente, in alcuni accordi commerciali vi sono disposizioni che vietano qualsiasi discriminazione nei confronti degli stranieri e questo include la discriminazione attraverso la tassazione. Ma le leggi possono essere scritte in modo da non sembrare fatte apposta per ostacolare gli stranieri.

3. *Il controllo dei cambi*: questo è il metodo più popolare. L'azienda straniera realizza un profitto nei suoi affari all'interno di un Paese, ma le leggi sul controllo dei cambi le impediscono di trasferire questi profitti in un altro Paese. Ad esempio, con-

sideriamo l'Ungheria. Vi erano stranieri che possedevano piccole o grandi quantità di obbligazioni e azioni ordinarie in Ungheria. Il governo ungherese disse: «Certo, siete perfettamente liberi. Avete il diritto di ricevere i vostri interessi e dividendi. *Ma* abbiamo una legge che vale non solo nei confronti degli stranieri, ma anche degli ungheresi. La legge determina che il trasferimento di fondi e risorse fuori dal Paese è proibito. Vieni a vivere qui in Ungheria e potrai avere i tuoi soldi».

Spesso un Paese con il controllo dei cambi non permette nemmeno a un uomo di spendere tutto il denaro guadagnato in un breve periodo di tempo – il denaro viene suddiviso in pagamenti mensili. In effetti, questo significa espropriazione. Ciò che vogliono veramente è che l'imprenditore, qualora debba effettivamente trasferirsi in quel Paese, spenda lì non solo il denaro che ha guadagnato, ma anche quello che porta con sé in quel Paese. Questo significa praticamente la fine degli investimenti stranieri. In passato, se gli individui erano disposti a investire capitali all'estero, si aspettavano un miglioramento delle condizioni. Ma ora non è più così.

Nel Medioevo, i ricchi re e governanti viaggiavano per i loro imperi. Dicevano di essere giudici e di dover tenere d'occhio il Paese, ma la vera ragione economica dei loro viaggi era che il principe, il *Kaiser* tedesco, ad esempio, possedeva grandi tenute in varie zone del Paese. Viaggiavano con il loro seguito per consumare ciò che vi veniva prodotto. Era più facile spostare gli uomini verso le merci che spostare le merci nel palazzo del prin-

181

cipe. Questo è lo stesso diritto che i controlli di scambio stabiliscono: consumare le merci nella propria regione d'origine.

I governi cinesi furono molto intelligenti. Non espropriarono gli inglesi. In primo luogo, proibirono loro di esportare i profitti. Poi li costrinsero a operare in modo tale che non vi fosse profitto. Poi stabilirono anche le tasse, così che gli inglesi dovettero pagare ulteriori somme alla Cina. Infine, fecero capire agli inglesi che non si possono fare affari con i comunisti; che, soprattutto, non si può investire con loro. L'esproprio dei giacimenti petroliferi messicani fu realizzato con il "ripudio", con il mancato pagamento di obbligazioni.

La storia degli investimenti esteri può essere raccontata in poche parole. Gli investimenti furono fatti, ma solo la gloria – o la fama di questa gloria – rimase. Il risultato è che oggi vi è veramente poca motivazione, da parte degli individui, di investire all'estero.

Era incredibile che durante l'intervallo tra la Prima e la Seconda guerre mondiali vi fossero ancora investimenti in Paesi che avevano ripudiato investitori stranieri, apertamente o indirettamente. Gli investitori americani hanno perso molti soldi quando il marco tedesco è crollato, perché i titoli tedeschi erano denominati in marchi tedeschi, non in oro. Tuttavia, durante questo periodo vi sono stati molti comuni tedeschi che sono riusciti a ottenere prestiti da investitori americani. A volte gli investitori americani erano semplicemente "bambini inesperti" che non sapevano cosa stessero facendo.

Il governo svedese ha emesso un titolo denominato in

dollaro-oro. Il governo veniva pagato in dollari-oro e prometteva di rimborsarlo nella stessa moneta, definita come l'*American McKinley gold dollar*; successivamente, nel 1933, gli Stati Uniti hanno abbandonato il *gold standard*. Il prestito svedese era stato formulato tenendo in considerazione l'improbabile cambiamento della valuta americana. Ma, in seguito, il governo svedese dichiarò: «Rimborseremo il prestito in nuovi dollari americani, dollari Roosevelt, non in dollari McKinley come specificato nel titolo». In una situazione del genere è molto difficile ottenere investimenti esteri.

In alcuni Paesi dell'America Latina non esiste un mercato per i titoli di Stato. Questi Paesi hanno ottenuto prestiti privati negli Stati Uniti, ma non li otterranno più. Il sistema di investimenti privati è stato sostituito prima col *Lend-Lease* e, ora, con l'aiuto estero. Ciò significa che il contribuente americano sta facendo regali, non prestiti, a questi Paesi.

Sono state create istituzioni, in particolare la Banca mondiale, con lo scopo di concedere prestiti – ma sempre sotto garanzia. Nel lungo termine, un sistema del genere è autodistruttivo. Se gli Stati Uniti emettono titoli a un tasso definito, diciamo il 3%, allora gli Stati Uniti rispondono per questa obbligazione. Se un governo straniero emette un tale titolo sotto la garanzia degli Stati Uniti, allora di nuovo gli Stati Uniti rispondono per questa obbligazione. Se gli Stati Uniti non lo pagheranno, allora sicuramente non lo pagherà nemmeno questo governo straniero. Ecco, se questo prestito estero è offerto a un tasso più alto, diciamo il 4%, allora lo Stato americano è in concorrenza con i propri titoli. Lo Stato americano non sarà più in grado di vendere i propri titoli al 3% se i titoli stranieri godono di un vantaggio rispetto a quelli americani – non solo pagano un tasso d'interesse più alto, ma vengono addirittura garantiti dallo Stato americano. Pertanto, un tale sistema non può prevalere nel lungo periodo. Il risultato di tutto questo è che non vi sono più investimenti privati.

Gli investimenti pubblici all'estero hanno un significato ben diverso da quello degli investimenti privati. Quando le ferrovie argentine erano di proprietà degli imprenditori della Gran Bretagna, non vi era alcuna violazione della sovranità dello Stato argentino. Ma se le ferrovie o i porti, ad esempio, sono di proprietà di uno Stato straniero, ciò significa qualcosa di completamente diverso: significa che i problemi politici diventano più importanti dei problemi economici.

Il *Point Four* [quarto punto] è un tentativo molto grossolano di eliminare le conseguenze disastrose dell'assenza di investimenti esteri[41]. Dietro ciò, vi è l'idea di insegnare il *"know-how"* a queste nazioni arretrate. Ma negli Stati Uniti vi sono molti ingegneri dotati di "*know-how*" che potrebbero beneficiarsi di posti di lavoro all'estero, dove potrebbero utilizzare le conoscenze e l'esperienza che hanno acquisito in patria. Anche negli Stati Uniti e nelle università occidentali vi sono centinaia o addirittu-

---

[41] Il *Point Four* fu un programma di aiuto all'estero del governo degli Stati Uniti, annunciato il 20 gennaio 1949 dal presidente Harry Truman, "per il miglioramento e la crescita delle zone sottosviluppate". Vedi Henry Hazlitt, *Illusions of Point Four* (Irvington-on-Hudson, N.Y.: Foundation for Economic Education, 1950).

ra migliaia di cittadini stranieri che imparano tutte queste cose. L'arte della stampa fu inventata 500 anni fa, e oggi vi sono libri di testo stampati. Per chi non sa leggere l'inglese vi sono le traduzioni di questi libri. Vi sono molti cinesi intelligenti, perciò se una fabbrica in Cina è arretrata, lo è non per l'incapacità di acquisire "*know-how*", ma perché non dispone del capitale necessario.

Nel 1948, vi fu una riunione del Consiglio ecumenico delle Chiese ad Amsterdam. Vi si affermò che era ingiusto e iniquo che solo i Paesi dell'Occidente godessero dei vantaggi delle macchine, mentre in Asia e in Africa i metodi di produzione erano arretrati. Se, nell'ottavo giorno della Creazione, il Signore avesse creato una quantità limitata di macchine e di ospedali da distribuire equamente e l'Occidente si fosse appropriato della maggior parte, allora si sarebbe potuto dire che la situazione fosse ingiusta. Ma, in realtà, i Paesi capitalisti hanno regalato attrezzature e macchine di grande valore a questi Paesi "arretrati", i quali le hanno poi espropriate. Tali Paesi non capivano il significato del capitalismo, pensavano che le macchine e gli ospedali *fossero* il capitalismo. Ma il capitalismo è la mentalità a partire dalla quale determinate istituzioni possono emergere, il tutto rendendo possibile lo sviluppo del capitale in Occidente e, di conseguenza, la costruzione di tutte queste cose. Si potrebbe dire che l'Occidente ha sviluppato il suo metodo di produzione a partire dal capitale che ha generato sul proprio territorio. Il capitalismo non si traduce in cose, bensì in una mentalità.

Jawaharlal Nehru (1889-1964) una volta disse: «Vogliamo incoraggiare in tutti i modi l'industria privata.

Non esproprieremo le imprese private per almeno dieci anni – forse nemmeno così presto». Non ci si può aspettare che le persone investano se viene detto loro che in futuro i loro investimenti verranno espropriati. Dunque, le condizioni in India sono molto peggiori ora rispetto a quando vi erano gli inglesi. All'epoca un individuo poteva ancora sperare che gli inglesi sarebbero rimasti e che non avrebbero espropriato la sua azienda. Le condizioni sono di nuovo simili a quelle che esistevano prima che gli inglesi arrivassero in India: se un indiano ha dei risparmi, investe in metalli preziosi o, meglio ancora, in gioielli. Prima di tutto, tali oggetti non possono essere confiscati così facilmente e si può cercare di nasconderli. Se necessario, si può anche ingoiare un diamante per tenerlo al sicuro per un po' di tempo. Non si può nascondere una ferrovia o una miniera. E questa è la catastrofe delle nazioni "arretrate": le persone investono i loro risparmi in questi oggetti anziché in beni capitali.

Questa situazione è diventata molto più grave perché gli europei hanno portato in questi Paesi farmaci moderni e metodi avanzati per la cura delle malattie contagiose. Nonostante le condizioni che ancora prevalgono in Cina, e soprattutto in India, i tassi di mortalità infantile in questi Paesi sono diminuiti notevolmente. Di conseguenza, questi Paesi hanno una popolazione che cresce continuamente e un tasso di investimento di capitale che diminuisce ininterrottamente. Il capitale pro capite è in calo invece di aumentare. Anche il sistema russo non produce l'accumulazione di capitale, ossia, non ha un'accumulazione di capitale sufficiente. Dunque, abbiamo una situazione mondiale in cui la maggior parte dell'umanità vive in condizioni che rappresentano un abbassamento del tenore di vita. È terribile dirlo, ma è vero; sarebbe stato meglio per queste persone se i metodi di lotta contro le malattie contagiose non fossero stati "importati".

Ci tengo a sottolineare ancora una volta che il capitalismo, la moderna produzione di attrezzature, etc., non sono affatto qualcosa di materiale! Gli strumenti e le macchine sono i risultati materiali raggiunti per mezzo di una certa mentalità spirituale, di una certa ideologia. Il capitalismo – o le condizioni moderne, i moderni standard di vita – non è semplicemente il risultato della tecnologia. È il risultato, invece, di certe idee sull'organizzazione sociale e sulla cooperazione degli uomini sotto la divisione del lavoro e la proprietà privata dei mezzi di produzione che devono essere adottate in questi Paesi "arretrati", se vogliono cambiare le proprie condizioni di vita.

Non voglio affrontare concetti come la felicità e gli altri problemi connessi. Non voglio discutere se gli africani siano felici senza attrezzature, senza vestiti e con metodi alimentari molto diversi. Ma certamente non sono entusiasti delle varie malattie che li affliggono e che possono combattere solo con i metodi del capitalismo moderno. È meraviglioso che il dottor Albert Schweitzer (1875-1965) sia andato al centro dell'Africa a lavorare per il miglioramento delle condizioni di vita in quelle zone. Ma il Dr. Schweitzer ha avuto solo un effetto molto limitato rispetto agli effetti del capitalismo, che ha reso possibili i moderni mezzi di produzione che hanno fornito tutte le cose necessarie per mantenere un ospedale in mezzo al continente africano. Se si vuole aiutare i milioni di individui in Asia e in Africa, allora ciò che serve sono metodi di produzione capitalistici e le idee capitalistiche, che non possono essere sviluppate con i mezzi che oggi vengono applicati in quei Paesi.

Fu l'introduzione degli investimenti stranieri nel XIX secolo che contribuì a rendere superflua la guerra e la conquista. La situazione che le persone dovevano affrontare a quel tempo, e che stanno affrontando anche oggi, è che vi sono Paesi nel mondo che furono dotati, dalla natura, di risorse naturali che non sono disponibili altrove. Per quanto riguarda le risorse naturali, l'Europa è molto poco dotata dalla natura; l'Asia è molto meglio dotata. Se, da un lato, i Paesi che possiedono ricche risorse naturali sono così arretrati e così poveri di capitale che non riescono a produrre a partire da queste risorse, e se, dall'altro, non permettono agli stranieri di investire capitali lì e di approfittare dell'esistenza di queste risorse, sia a vantaggio proprio sia delle popolazioni autoctone, ci si può aspettare che i popoli dei Paesi civilizzati tollerino per sempre questo stato delle cose? Gli abitanti di un Paese, solo perché i loro antenati conquistarono quel territorio 500 o 600 anni fa, hanno il diritto di impedire il miglioramento delle condizioni di vita e della pace nel mondo?

Ritorniamo alla situazione in cui non si potevano ottenere questi prodotti senza la conquista; la situazione, appunto, che rese necessario il sistema coloniale. Nel XIX fu sviluppato un metodo che lo rese inutile, ma ora ci troviamo nuovamente in un contesto in cui questi Paesi impediscono l'accesso al commercio di materie prime.

Non possiamo prevederlo, ma un giorno potrebbe essere scoperto un nuovo metodo tecnologico che dipende dalle materie prime che sono disponibili solo in Paesi molto arretrati. Le persone diranno: «Potremmo migliorare il nostro tenore di vita e quello di tutti gli altri Paesi se avessimo accesso a queste materie prime, che sono completamente inutili per il Dalai Lama del Tibet». Fu proprio l'investimento straniero – la possibilità di utilizzare tutte le risorse naturali senza interferenze politiche – a rendere superflua la guerra. Gli investimenti esteri non danneggiarono i Paesi coinvolti; in realtà, gli investimenti esteri cooperarono allo sviluppo dei Paesi senza danneggiarli in alcun modo. La pace nel mondo dipende solo da questo.

La scomparsa degli investimenti esteri è un problema molto serio. Le cose più visibili oggi sono soltanto le cattive conseguenze di ciò, il cattivo tenore di vita in India, in Cina e in alcuni altri Paesi. Ma non è tutto; l'intero sistema delle politiche mondiali e delle politiche internazionali ne risentirà. E poi, se questi veri e propri conflitti dovessero davvero sorgere, anche i Boy Scouts delle Nazioni Unite non si dimostreranno migliori degli statuti della Società delle Nazioni, il predecessore dell'Onu.

Vi ringrazio per la pazienza con cui avete sopportato le mie lezioni.

***

[Ulteriori commenti di Mises durante la sessione di domande e risposte]

Lenin cercò di ottenere capitali stranieri per investimenti in Russia, durante il periodo della NEP – Nuova Politica Economica, ma queste misure non furono considerevoli.

La reciprocità negli accordi commerciali è un metodo per distruggere l'economia di mercato. Il principio di comprare solo da chi compra da te ignora l'esistenza della moneta. L'idea di moneta, l'uso della moneta, l'intero sistema monetario, ha il solo scopo di rendere inutile che si debba comprare solo da chi compra da te. Commercio triangolare significa commercio con l'aiuto della moneta. Si compra da persone che hanno comprato da altri. Non potrebbe esistere un solo settore d'affari in questo Paese se questo principio venisse applicato qui.

I confini non esistono in natura o in economia; i confini sono ostacoli creati dallo Stato. Gli Stati creano queste differenze.

Il capitalismo non è un insieme di idee del capitalista, è un sistema economico. Le idee del singolo capitalista possono essere in molti casi contrarie ai principi dell'economia di mercato; vi sono sempre stati imprenditori che chiedevano privilegi, protezione etc., e poiché l'opinione pubblica era favorevole a tali favori, li ha ottenuti. Non è stata colpa dei lobbisti. Dato che vi sono sempre lobbisti a favore di alcune cose, vi sono sempre lobbisti contrari ad altre cose. Non è nemmeno necessario proteggere le industrie nascenti; vi sono dei cambiamenti nell'industria americana senza tale protezione. Se alcuni ottengono privilegi, quelli che non ne ottengono risultano svantaggiati. Se addirittura i non privilegiati chiedono privilegi, la cosa è facile da capire. Il dovere di far scomparire un tale sistema di privilegi non spetta all'imprenditore, ma all'opinione pubblica, agli ideologi, agli statisti, ai politici e alle campagne politiche. Se vi sono privilegi, allora tutti cercano di ottenerli.

I vantaggi del capitalismo non sono a beneficio e vantaggio dei capitalisti, ma delle masse. Il capitalismo è principalmente produzione, produzione su larga scala, per le masse. Il consumatore, che ha sempre ragione, beneficia del capitalismo. L'istituzione del capitalismo non è una ricompensa per i bambini buoni; è un'istituzione a beneficio delle nazioni e delle persone. Se un capitalista individuale è "cattivo", non bisogna "punirlo" con l'abolizione del capitalismo. Pertanto, tutti gli scrittori e gli autori di storie di finzione, letteratura e opere teatrali che concepiscono queste immagini dei capitalisti molto cattivi, e che dicono che il capitalismo dovrebbe essere abolito, sono assolutamente equivocati.

Non sono a favore dell'economia di mercato e contro il socialismo perché i capitalisti sono persone essenzialmente buone. Alcuni lo sono, altri no. In questo ambito non sono diversi dagli altri. Io sono a favore del capitalismo perché va a beneficio dell'umanità. Non sono contro il socialismo perché i socialisti sono persone cattive, ma perché porta al completo declino del tenore di vita di tutti e distrugge la libertà.

Scoprire il liberalismo

Di recente ho fatto un giro fra i miei vecchi file per fare un po' di spazio sul cloud e ho ritrovato i miei temi del liceo. Nel 2011, a 15 anni, supportavo Keynes, ma senza cognizione di causa.

Nel 2013 parlavo già di Hayek e della Thatcher. Ciò che mi spingeva verso lo studio della politica era il mio profondo disprezzo per il comunismo e per i professori troppo *politically correct*.

Non sopportavo la retorica sui migranti: ritenevo assurdo che venisse accettato spendere soldi di chi si dava da fare per l'accoglienza e per il welfare. Mi dicevano che ero razzista. Quasi mi convinsi di esserlo. Eppure, lo ribadivo: ero contrario alla spesa pubblica improduttiva e fondata sulla finta solidarietà, non avevo nulla contro i migranti!

Non sopportavo l'idea comunista dell'uguaglianza. Ero daltonico, mancino e mi piaceva la matematica. Per questi e milioni di altri motivi, mi sentivo diverso da chiunque altro, mentre mi dicevano che l'uguaglianza era un bene. Per me, l'individualità di ciascuno di noi era un bene. C'era così tanto collettivismo nell'aria che le punizioni erano di classe. Responsabilità collettiva.

Non sopportavo neanche l'idea dello stato moralizzatore, tuttavia è piuttosto comune che i professori si sentano maestri di vita e che impartiscano anche lezioni di morale. *"Da quando sono i professori a dovermi dire cosa è giusto e cosa è sbagliato?"*, mi chiedevo.

Riuscirono a farmi odiare tutto il discorso dell'Olocausto e del Giorno della Memoria, per l'esaltazione del vittimismo. Solamente alcuni anni dopo, da solo, mi resi conto di quanto fossi stato ingenuo e di quanto importante sia ricordare, studiare e sensibilizzare riguardo ciò che avvenne nei campi di concentramento. Ci sono davvero pochi eventi storici importanti come l'Olocausto su cui dovremmo riflettere. Ripensandoci, mi rendo conto di quanto sarebbe importante insegnare ai ragazzi il perché certe cose siano sbagliate e non solamente che queste cose siano sbagliate.

Non volevo che qualcuno mi dicesse ciò che dovevo pensare.

Fra l'ambiente e i professori, si doveva vivere necessariamente nella dicotomia destra-sinistra. Non ero mai entrato davvero in contatto con una idea liberale in quanto tale in tutto il liceo. Locke e Smith vengono trattati alla leggera, Popper - se proprio va bene - viene accennato. E sempre senza approfondire il lato politico.

Si esaltavano i mali del fascismo e del nazismo – cosa giustissima -, ma mai una parola contro il comunismo.

Considerando che mi ritenevo anticomunista e, non conoscendo alternative al comunismo, pensavo di essere persino vicino al fascismo.

Capii che non era così quando, durante una festa noiosa, un compagno mi chiese: "*Ale, sai dirmi cosa fece di buono il fascismo?*"

Sapeva che ero "di destra" e io ancora pensavo di esserlo. Non seppi davvero rispondergli. La sera stessa cercai su internet in ogni sito cosa avesse fatto il fascismo. Non riuscii a trovare una sola cosa positiva.

Cercando a fondo, scoprii la pagina "*Minarchism*" di Wikipedia. Mi aprì un mondo. Da lì, in qualche modo, trovai un documento chiamato "*The use of knowledge in Society*" di un certo Hayek. Compresi meno di un quinto di quello che c'era scritto, ma oramai mi aveva conquistato e convinto.

Questa storia, che si conclude col mio incontro con il liberalismo, mi ha fatto riflettere su quanto sia difficile scoprire il liberalismo quando si è giovani.

Se non per ricerca personale, per puro caso, o grazie ai genitori, è impossibile scoprirlo.

Avrei desiderato più di ogni altra cosa trovare un tizio che fuori da scuola mi si avvicinasse per rifilarmi una copia di *Lotta Capitalista* di nascosto e approfondire la causa che sentivo di supportare veramente.

Una delle frasi che ho sentito più spesso negli ultimi anni è stata: "*Grazie a te/voi, ho finalmente capito essere liberale. Lo sono sempre stato, ma non sapevo di esserlo.*"

L'Istituto Liberale è qui anche per tutti quei giovani in attesa di trovare un'alternativa al comunismo e al fascismo, per tutti coloro che non hanno mai avuto l'occasione di uscire dallo schema destra-sinistra.

Nel futuro che sogno nessun giovane rimarrà senza aver avuto la seria opportunità di scegliere con un'alternativa in più: la libertà.

Cos'è il liberalismo?

Il liberalismo è, prima di ogni altra cosa, un metodo d'indagine. Poi, diventa una filosofia di vita, successivamente diventa un insieme di valori e infine una dottrina politica. Quest'ultima è solamente il tassello finale, non quello iniziale.

Il liberalismo sorge dalla genialità e da un'attenta analisi della realtà: osservando la società umana, le relazioni fra individui, le relazioni fra gruppi di individui, la storia, le istituzioni ci si è resi conto che esistono alcune fondamenta per avere una società prospera, libera e pacifica e al contempo assicurare la libertà a tutti i cittadini.

Sembra incredibile, ma – parafrasando Milton Friedman - siamo piuttosto fortunati perché il liberalismo coincide con la strada più efficiente.

Sarebbe un po' strano sostenere alcuni valori e certi sistemi organizzativi se questi non assicurassero la miglior condizione possibile per te e per la società, non credi?

Dunque, geniali pensatori come Locke, Smith, Burke, Ferguson, Mandeville, Cantillon e numerosissimi altri grandi classici intuirono quale fosse il modo migliore per far combaciare gli interessi personali con quelli della società.

Una società è libera e prospera se e solo se anche i suoi cittadini sono liberi e industriosi.

Il metodo è lo studio della realtà, della società e delle relazioni umane a partire dagli elementi primi: gli individui. Il liberalismo nient'altro è che una conseguenza dell'individualismo metodologico.

Questo non significa che siamo vincolati a studiare gli

individui, come se fossimo psicologi, e ciò ci debba bastare perché qualsiasi altra cosa non andrebbe bene.

A partire dall'individualismo metodologico ricaviamo che la società è complessa (e non difficile), che l'ordine che emerge è spontaneo e che nessuno ha progettato la società così come la vediamo oggi.

Sappiamo che se qualcuno provasse a progettare la società fallirebbe, perché non è possibile collezionare tutte le informazioni necessarie, prevederne l'evoluzione e calcolare una qualsiasi ottimizzazione. Ecco perché il socialismo non funziona.

Il liberalismo è il risultato di un profondo studio di ciò che siamo e non di ciò che vorremmo essere: consiste nell'accettare i pregi e i difetti dell'umanità e capire come farli convivere.

Non si può rinunciare al liberalismo nel nome del pragmatismo momentaneo, perché le scelte prese con la cecità del breve termine impediscono che nel lungo termine ci siano pace, prosperità e libertà.

Si tratta della storia della cicala e della formica: chi guarda lontano, investe e fa scelte di lungo periodo, vince e sopravvive.

Cos'è l'Istituto Liberale?

Eravamo tre ragazzi attorno al tavolo di un pub.

Non c'erano né partiti, né politici, né associazioni liberali che potessero farci sentire a nostro agio nel clima delle idee italiano.

A poco a poco, da tre siamo diventati centinaia e poi migliaia e l'entusiasmo di tutti i partecipanti ci ha fatto capire di aver intrapreso la giusta strada.

Oggi l'Istituto Liberale è il più grande think tank liberale in Italia e unisce tutti coloro che sono favorevoli alle libertà individuali e al libero mercato.

Il nostro obiettivo finale è aprire le finestre di un paese rimasto chiuso per troppo tempo e lasciare che l'aria fresca della libertà dia inizio a una vera rivoluzione culturale liberale. Per riuscirci, formiamo e informiamo.

Siamo presenti sui maggiori social network e pubblichiamo ogni giorno aforismi commentati, infografiche, storie di personaggi e avvenimenti liberali, articoli di approfondimento, video.

Siamo presenti in quasi tutte le regioni italiane e i nostri gruppi regionali organizzano regolarmente eventi sul territorio (come cene, aperitivi, conferenze, dibattiti o ritrovi dei club di studio) in cui ci si può conoscere e confrontare.

Non siamo un partito. Abbiamo deciso di investire sul lungo termine, sulla cultura, disseminando le idee di libertà che un giorno ci daranno il miglior raccolto: un'Italia più libera, aperta, tollerante, pacifica, prospera.

Nel momento in cui scrivo queste righe, siamo seguiti da oltre quarantamila persone sui social network e i nostri contenuti raggiungono centinaia di migliaia di persone ogni mese.

La gran parte dei nostri sostenitori ha meno di trent'anni, il che ci dimostra ben due cose: stiamo comunicando coi giovani, a differenza dei partiti, e questi giovani sognano un mondo più libero.

Unisciti a questa rivoluzione culturale!

Stai per entrare a contatto con idee di pace, intraprendenza, coraggio, resilienza e imprenditorialità che vengono tutt'oggi demonizzate da chiunque in questa società.

Abbiamo raccolto con cura gli aforismi celebri, i dati sulla nostra situazione economica e sociale, le storie delle vittorie del liberalismo nel passato o negli altri Paesi e i migliori testi per accendere la luce della rivoluzione liberale che illuminerà l'Italia. Così come per molti altri nostri contenuti, in questo libro leggerai idee che parlano anche di te e dei tuoi valori.

L'Istituto Liberale è un'organizzazione privata che ha come obiettivo far cambiare rotta alla cultura del nostro paese, condotta sulla strada del collettivismo da decine di anni di egemonia socialista.

La nostra indipendenza da partiti, politici e istituzioni è assicurata dalle migliaia di persone a contatto con il nostro lavoro che hanno deciso di supportare le nostre attività e finanziare questa rivoluzione culturale.

Diventando un membro dell'Istituto Liberale avrai accesso a contenuti esclusivi che potranno aiutarti ad ampliare la tua visione del mondo con la prospettiva della libertà. Potrai dibattere con gli altri partecipanti, avere accesso alle attività e alle decisioni dell'Istituto. Ciò che è più importante è che il tuo finanziamento renderà possibile la creazione di nuovi contenuti gratuiti affinché sempre più italiani abbiano la possibilità di abbracciare le idee di libertà e di fare qualcosa di effettivo per il nostro Paese.

Non aspettare altro tempo: entra a far parte della rivoluzione culturale che cambierà le sorti di un'Italia che può tornare a splendere!

Visita il nostro sito: www.istitutoliberale.it

Detto ciò, spero che questa lettura sia stata di tuo gradimento e ti invito a visionare i nostri altri libri e i moltissimi contenuti gratuiti sul nostro sito.

Alla prossima,

Alessio Cotroneo
Presidente dell'Istituto Liberale

Printed in Great Britain
by Amazon